엄마는 행복하지 않은 날이 없었다

Copyright ⓒ 2013, 이미아
이 책은 한국경제신문 한경BP가 발행한 것으로
본사의 허락없이 이 책의 일부 또는 전체를 복사하거나 전재하는 행위를 금합니다.

스물아홉,
임신 7개월, 혈액암 판정

엄마는 행복하지 않은 날이 없었다

이미아 지음

한국경제신문

| 프롤로그 |

오늘은 내게, 내일은 당신에게 일어날 수 있는 일

나의 직업은 타인의 기억을 기록하는 일이다. 누가 언제 어디서 무슨 일을 어떤 이유로 어떻게 겪었는지를 신문지상에 글로 남기는 것이다. 그래서 사람들에게 알려줄 가치가 있다고 보는 사건을 매일매일, 시시각각 찾아 헤매는 게 주된 업무다.

기사를 쓰다 보면 갖가지 소식을 보고 듣는다. 개인 또는 기업의 성공 스토리나 유명 인사 인터뷰와 같이 밝은 이야기도 있고, 지진이나 쓰나미 같은 대규모 천재지변을 비롯해 살인과 테러, 비리, 불황, 대량 실직 등 어두운 이야기도 있다. 짐작하다시피 전자보다는 후자를 더 자주 다루게 된다.

그러다 보면 감정이 무뎌진다. 어느 순간부터는 어떤 사건과 마주치더라도 크게 놀라지 않게 된다. 냉정하게 말해 '내 일'이 아니기 때문이다. 나는 그냥 기록하는 사람 아닌가. '이런 일이 일어날 때는 이런 식으로 쓰면 된다'는 식으로 기사를 작성하는 나름의 틀도 생긴다. 조금 삐딱하게 해석한다면 타성에 젖어간다고 볼 수 있다.

하루하루 바쁘게 흘러가는 시간과 밀려드는 기삿거리에 묻히면서, 무언가에 깊이 공감하는 일이 점점 적어진다. 좀 시니컬해진다고나 할까. 그렇게 나는 평범한 기자로 생활하고 있었다.

그런데 어느 날 평온했던 내 일상에 상상도 하지 못했던 '핵폭탄'이 터졌다. 혈액암 4기, 온몸에 암세포가 퍼져 있다는 사실을 알게 된 것이다. 그때 내 나이 스물아홉, 결혼한 지 3년을 조금 넘겼고 갓 세 살 된 딸이 있었다. 그리고 뱃속에선 둘째 아이가 7개월을 맞고 있었다.

남들의 특별한 이야기를 찾으러 쫓아다니던 내가 눈 깜짝할 새도 없이 '특별한 이야기'의 주인공이 되고 말았다. 하루아침에 암 환자가 되다니 믿어지지 않았다. 아니, 믿을 틈도 없었다. '살아야 한다'는 일념 하나로 버텨야 했기 때문이다. 내게는 그 불행을 슬퍼할 틈조차 허락되지 않았다.

아이와 나 둘 다 살리기 위해선 어쩔 수 없이 현실을 받아들여야 했다. 남산만 한 배를 끌어안은 채 항암치료를 받았다. 항암치료의 여파로 민머리가 됐는데 머리카락 한 올 없는 임신부는 병원에서도 화젯거리였다. 아이는 예정일보다 한 달 일찍 태어났다. 치료를 위해서 제왕절개 수술로 아이를 미리 꺼내야 했다.

시간이 흐르면서 병은 점차 나아졌다. 그런데 몸속 암세포는 줄어들었지만, 마음속 암세포가 무섭게 자라나고 있었다. 항암 치료를 거듭할 때의 내 모습을 돌아보면 황량한 사막이 떠오른다. 세상에서 가장 재수 없는 운명이라고, 갑자기 날아온 돌멩이에 맞아 죽는 개구리꼴이라고 수도 없이 생각했다.

삶과 죽음의 갈림길에 놓인 나에게는 경제적 능력도 없었고, 아이들을 제대로 안아줄 체력도 없었다. 가족에게 짐만 되는 것 같았다. 아무짝에도 쓸모없는 사람이 되었다는 생각에 참담함을 이길 수 없었다. 이 모든 게 너무나 한순간에 벌어진 일이라는 데 더욱 어이가 없었다.

시간이 갈수록 세상과 운명을 향한 불신이 부글부글 끓어올랐지만 그 속내를 차마 드러낼 수 없어 더욱 절망스러웠다. 가족을 비롯한 주변 사람들에게 거짓웃음을 지으면서 나는 점점 더 가라앉아갔다. "나는 불행하다"는 말이 입에 붙었다.

그런데 그때 아주 오랫동안 잊고 지냈던 벗이 마음의 문을 두드렸다. 바로 한시(漢詩)였다. 중어중문학을 전공한 나는 학창 시절 한시에 푹 빠져 지냈다. 졸업 후 바빠 사느라 눈길을 주지 못했는데, 그들이 "제발 우리를 다시 기억해봐"라고 외치며 나를 애타게 부르고 있었다.

간신히 기운을 내서 예전에 읽던 한시들을 다시 찾아보기 시작했다. 인생의 밑바닥을 헤매는 내게 옛 시인들이 말을 건넸다. "지금 네 고민은 나의 고민이기도 했어."

시간으로 치자면 천 년도 넘는 간격이 있지만, 나와 한시 사이엔 같은 감정의 선이 연결돼 있었다. 그 안에는 출세하지 못해 울분을 삼키는 사내의 모습이 있었고, 자식을 향한 애끊는 모성애도 있었다. 가난 때문에 가족을 돌볼 수 없는 가장의 슬픔도 있었고, 죽음을 눈앞에 둔 사람의 담담한 고백도 있었다.

하지만 그 작품들이 진정 말하고 싶었던 건 결국 하나라고 느꼈다. 바로 삶에 대한 희망이었다. 희망이 있었기에 문인들은 인생길에서 만나는 여러 고비를 허심탄회하게 기록할 수 있었다. 바로 자신들의 기억을 작품으로 남긴 것이다. 나 아닌 다른 사람들의 기억만을 쫓아다니던 내게 이들과의 만남은 매우 특별한 경험이었다.

그 경험은 내게 새로운 일을 할 수 있다는 용기를 주었다. 그 '새로운 일'이란 바로 나 자신의 기억을 기록으로 남기는 것이었다. 내 일생에 가장 특별하고도 서글픈 기억이 될 암 투병 기간의 이야기를 담아내고 싶었다. 내가 옛 한시들을 통해 마음의 위안을 얻었듯, 나의 기록을 본 사람들이 저마다 위로를 받고 용기 얻기를 원했다. 그래서 투병 기간 어떤 일을 겪을 때마다 내 느낌을 전달할 만한 한시를 떠올려보았다. 그리고 그것을 각 장의 주제를 대표하는 시로 뽑아내 이야기를 풀어갔다.

이 책은 한시 안내서는 아니다. 암 환자의 신세 한탄은 더더욱 아니다. 나는 내 이야기가 암 환자의 투병과 회복 과정에 대한 일기로 그치지 않기를 바란다. 누구든 살아가면서 겪기 마련인 통과의례를 한 젊은이가 어떻게 거쳤는지 담백하게 보여주는 일종의 성장기가 되기를 바라는 마음이다.

나의 한시 지식은 내세울 만한 게 못 된다. 대학 전공으로 공부한 수준이니 전문적인 한시 연구자들과는 비교도 할 수 없을 정도로 공부가 부족하다. 그저 이 책을 읽는 이들이 나와 한시 사이에 놓인 감정의 다리를 볼 수 있기를, 한 기억이 다른 기억을 부르는 소리를 들을 수 있기를 원할 뿐이다.

암을 이기고, 아픈 기억을 정면으로 바라보며 글로 남길 수 있도록 많은 분이 응원을 아끼지 않으셨다. 힘든 항암치료 과정을 모두 지켜보며 희로애락을 함께해주신 부모님과 시어머님, 남편과 두 아이, 동생에게 가장 먼저 마음 깊이 감사 인사를 하고 싶다. 그리고 2년 반이라는 긴 휴직 기간을 허락하며 건강한 복귀를 기원해준 한국경제신문 선·후배, 동료들에게도 깊은 고마움을 전한다.

치료를 담당하시고 이 책을 위한 인터뷰도 기꺼이 허락해주신 윤성수 서울대학교병원 혈액종양내과 교수님과 둘째 아이를 건강하게 출산할 수 있도록 끝까지 보살펴주신 전종관 서울대학교병원 산부인과 교수님, 원고를 위한 인터뷰에 적극 도움을 주신 김범석 서울대학교병원 혈액종양내과 교수님께 고개 숙여 감사 인사를 드린다. 또 '전직 암 환자'인데다가 저질 체력, 고도비만이었던 나에게 흔쾌히 운동 지도를 해주신 이태욱 선생님께도 감사드린다.

또한 모자라는 글 실력에도 저자를 믿어주시고, 책이 출판될 수 있도록 도움을 아끼지 않으신 한경BP에 깊이 감사드린다.

2013년 2월
이미아

| 현진·현준에게 보내는 편지 |

미안하다는 말보다
너희가 있어 행복하다고 말할래

엄마가 우리 두 귀염둥이에게 이렇게 편지를 쓰는 건 처음이구나. 문을 살짝 열고, 할머니 옆에서 잠들어 있는 너희 얼굴을 들여다봤어. 마음이 참 편하고 따스해진다. 조금 전까지 둘이서 거실을 방방 뛰며 돌아다니던 모습도 눈에 선하고.

하고 싶은 말은 가슴속에 한가득인데, 막상 노트북을 앞에 놓고 보니 어떤 말부터 시작해야 할지 모르겠어. 너희가 이 편지를 읽을 수 있으려면 아마 몇 년은 더 기다려야겠지? 아직 글을 모르니까. 그때 이 편지를 보고 '에이, 시시해' 라거나 '촌스럽게 편지가 뭐람' 이라며 투덜대지는 않았으면 해. 누군가에게 마음을 담은 편지를 쓴다는 건 생각보다 쉽지 않거든.

너희도 아마 어렴풋이 알 거야. 엄마가 아주 많이 아팠다는 걸. 현진이는 아마 현준이보다 더 또렷이 기억하겠지? 엄마가 가끔 몇 주씩 집에 못 오는 날도 있었고, 머리카락이 한 올도 없던 때도 있었잖니. 엄마가 입원한 병실에 할머니 손을 잡고 온 적도 있고.

사실 말이야…. 엄마는 그때 까딱 잘못하면 너희와 영영 이별할 수도 있는 상황이었단다. 엄마는 암 환자였거든. 우리 두 꼬맹이가 이 편지를 읽고 이해할 수 있을 때가 되면 암이란 게 어떤 병인지 조금은 알 거라 생각해.

엄마의 온몸에 암세포가 퍼져 있다는 걸 알았을 때, 병원에서는 엄마한테 '조금만 늦게 왔으면 치료가 어려웠을지도 모른다'고 했단다. 엄마는 정말 무서웠어. 내가 죽을지 모른다는 것도 두려웠지만, 우리 현진이와 현준이가 엄마 없이 자랄 수 있다는 생각을 하는 게 훨씬 더 무서웠어. 가슴이 막 떨렸단다. 암에 걸린 게 아무리 엄마 잘못이 아니라고 해도, 너희가 상처를 받는 건 분명 엄마의 책임이라고 생각했거든.

너희에게 지금 이 말을 해줄 수 있는 게 얼마나 다행인지 몰라. 엄마가 그 위기에서 벗어나서 너희와 함께 있다는 뜻이니까. 엄마가 만일 이 세상이 아닌 다른 곳에 있게 되었다면, 이 글은 편지가 아니라 유서가 됐겠지. 생각만 해도 무섭구나.

엄마가 암 투병을 하면서 느낀 건 말이야. 인생에 정해진 길은 없다는 것이었어. 그리고 살면서 내 마음대로 되는 게 생각보다 많지 않다는 것도 깨달았단다.

너희도 조금 더 크면 알겠지만, 사람들은 자기 나름대로 꿈과 계획을 갖고 살아간단다. 꿈과 계획의 모습은 약간씩 다르지만, 우리가 살아가는 사회에는 일정한 테두리가 있어. 그리고 사회가 요구하는 기준도 있지. 엄마도 그 기준에 맞추려고 무던히 애를 쓰며 살았단다.

그런데 암에 걸린 뒤, 엄마는 꿈과 계획의 기준을 송두리째 잃어버렸어. 엄마가 걷던 일상의 궤도에서 벗어나 수풀 속으로 떨어지고 말았지 뭐야. 엄마 몸의 면역체계는 완전히 무너져 혼돈에 빠졌고, 그 때문에 한동안 무균 병실에서 생활해야 했지. 무균 병실에 있을 때 엄마의 면역력은 금방이라도 깨져버릴 얇은 유리처럼 한없이 약했어.

엄마는 선택의 갈림길에 서야 했단다. 하나의 길은 절망에 잠겨 늘어지게 신세 한탄을 하면서 편안한 어둠 속에 갇히는 것이었어. 그리고 또 다른 길은 고통스럽지만 엄마의 병과 정면으로 부딪히며 희망의 빛을 향해 걸어가는 것이었어.

사람들은 누군가가 어떤 고통에 처했을 때 "희망을 가지면 할 수 있어"라고 곧잘 말해준단다. 하지만 정작 자신이 그런 고비를 만나게 되면 스스로에게 "나는 할 수 있어"라고 말하지 못할 때가 훨씬 더 많아. 성공 가능성은 눈앞에 보이지 않는 반면, 포기의 유혹은 너무나 달콤하거든.

현진이와 현준이도 앞으로 자라면서 크고 작은 여러 난관을 만나게 될 거야. 그중엔 가뿐히 넘어설 수 있는 것도 있겠지만, 홀로 헤쳐 나오기까지 정말 엄청난 용기가 필요한 일이 훨씬 많을 거야. 또 너희가 가졌던 삶의 꿈과 계획이 실제 현실로 이루어졌을 때, 그

실현된 모습이 상상한 것과는 다를 수도 있을 거야. 그 때문에 현실이 무척 버겁게 느껴질지도 몰라.

　엄마가 우리 두 보석에게 해주고 싶은 말은 세상에 '완벽한 행복'이란 건 없다는 거야. 엄마 마음 같아선 너희에게 세상에 존재하는 '좋은 것'만 보여주고 싶어. 그렇지만 엄마는 환상 대신 현실을 보여주기로 했단다. 현실의 세상을 살아가는 내 아들딸 옆에서 함께 응원하면서 마음속 면역력을 키워주고 싶어.
　마음의 면역력을 높이기 위해선 많은 모험을 해야 해. 그리고 이미 너흰 많은 모험을 해왔지. 갓 태어나 터뜨린 첫 울음도, 두 발을

땅에 디딘 첫 걸음마도, 대소변을 가리고 말문이 트인 것도 정말 큰 모험의 결과였지.

　점점 자라면서 인생의 모험은 학문과 여행, 인간관계처럼 아주 다채로운 모습으로 다가올 거야. 너희는 적극적으로 그 모험의 주인공 역할을 해야 해. 엄마가 항상 함께하면서 조언해줄게. 너희에게 적절한 조언을 해주기 위해선 엄마 스스로도 무척 열심히 살아야 한다고 생각하고 있어.

　엄마에게 암 투병의 기억은 앞으로도 가슴속에 어두운 얼룩으로 남을 거야. 그래도 말이야, 엄마는 이렇게 자랑스럽게 말할 수 있는 삶의 이야기가 생겨서 기뻐. 너희가 성장하면서 겪을 여러 통과의례에 대해서 가슴 깊이 공감할 수 있는 경험을 가져서 행복하기도 하고. 왜냐하면 엄마도 참 많이 좌절했거든. 그 좌절을 넘어서는 힘은 결국 현실에 대한 냉정한 관찰과 삶을 향한 사랑에서 나오더라. 꼼수는 통하지 않더라고. 당연히 지름길이란 것도 없고 말이야.

　엄마는 너희에게 '나는 이렇게 성공했다' 라는 이야기보단 '나는 이렇게 실패하고 다시 일어났다' 는 말을 더 많이 해주고 싶어. '내가 이렇게 해냈으니 너도 이렇게 할 수 있어' 라는 말보다는 '나도 이렇게 실패했다. 실패의 지점은 누구나 비슷하니까 섣불리 낙담하고 스스로를 옥죄지 마라' 고 말해주고 싶어.

　엄마가 한때 죽을 뻔했다는 게 미안해. 엄마가 직장에 다녀서 너희와 함께하는 물리적 시간이 부족해서 미안해. 집안일을 깔끔하게 잘하지 못하는 것도, 다른 엄마들처럼 멋진 손재주를 가지지 못한 것도 미안해.

그렇지만 그 수많은 미안함에만 갇힌다면 엄마는 너희에게 영영 희망을 전해주지 못하게 될 거라 생각해. 그래서 엄마는 죄책감을 갖지 않기로 했어. 엄마가 행복해야 너희도 행복할 테니까 말이야.

현진아, 현준아. 너희는 엄마에게 무엇과도 바꿀 수 없는 소중한 존재란다. 엄마는 앞으로 건강하게 오래 살면서 현진이, 현준이랑 예쁜 추억의 탑을 차곡차곡 쌓아나갈 수 있기를 날마다 기도하고 있어. 그리고 꼭 그렇게 되리라 믿는단다.

2013년 2월 어느 날 밤에
엄마가

엄마는
행복하지 않은 날이
없었다

프롤로그 | 4
오늘은 내게, 내일은 당신에게 일어날 수 있는 일

현진·현준에게 보내는 편지 | 10
미안하다는 말보다 너희가 있어 행복하다고 말할래

1장 나는 다시 일어서기 위해 쓰러진 것이다 19

2장 엄마는 행복하지 않은 날이 없었다 47

3장 엄마가 돼서야 엄마 마음을 알다 71

4장 딸이자 아내이자 엄마인 여자는 전사다 95

5장 그래도 부부는 같은 곳을 바라봐야 한다 115

6장 돈 걱정도 내가 살아 있어야 할 수 있다 137

7장 죽도록 살고 싶어지자 삶이 보이다 159

8장 상처 많은 나무가 아름다운 무늬를 남긴다 181

9장 환자복을 벗고 다시 서다 205

에필로그 | 234
인생은 언제 어느 순간에도 다시 시작할 수 있다

부록 1 암 치료에 대해 꼭 알아야 할 것들 238
부록 2 힘들 때 힘이 된 한시 251

1장
나는 다시 일어서기 위해 쓰러진 것이다

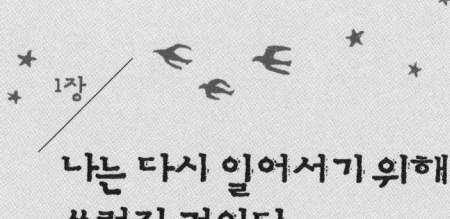

가는 길 어렵네, 가는 길 어렵네.
갈림길이 이리 많은데 나는 지금 어디에 있나?
큰바람 불어와 파도를 헤쳐나갈 그날이 온다면
구름 같은 돛 곧게 달고 푸른 바다를 건너가리.

行路難 行路難	행로난 행로난
多岐路 今安在	다기로 금안재
長風破浪會有時	장풍파랑회유시
直掛雲帆濟滄海	직괘운범제창해

– 이백의 〈행로난〉 중에서

나는 다시 일어서기 위해 쓰러진 것이다

2010년 9월 초, 날짜로는 가을이 시작돼야 할 때였지만 여전히 늦더위가 기승을 부리고 있었다.

그날도 온몸이 땀에 젖은 채 일어났다. 이제 7개월 된 뱃속의 둘째 아이가 가볍게 내 배를 두드렸다. 아침마다 그랬던 것처럼 허둥지둥 씻고, 옷을 갈아입었다. 그런 뒤 아직 자고 있는 세 살배기 큰딸 얼굴 들여다보고, 남편과 시어머니께 인사하고 집을 나섰다.

임신 5개월 때 출근길 만원 지하철 안에서 떠밀리다가 누군가의 가방에 배를 세게 맞은 적이 있어서 그 뒤로는 택시를 타고 다녔다. 회사로 향하는 택시 안에서 뱃속 아가에게 말했다. "복둥아, 엄마 회사 가는 중이야. 오늘도 우리 잘하자, 알았지?"

회사에 도착해 엘리베이터를 탔다. 혼자였다. 갑자기 심하게 어지러웠다. 그대로 바닥에 주저앉고 말았다. 엘리베이터가 멈추자 겨우 벽을 짚고 일어서서 편집국 내 자리로 갔다.

그런 식으로 갑작스러운 현기증과 피로감을 느낀 지 3주 정도 됐다. 주변에서도 "얼굴이 왜 그렇게 핏기가 없고 하얗기만 하느냐"고 물어보곤 했다. 난 그저 임신 때문일 거라 생각하고, 정 힘들 때면 회사 근처에 있는 산부인과에 가서 영양제와 철분 주사를 맞았다.

하지만 그날은 유난히 증상이 심했다. 자꾸만 손에 힘이 풀렸다. 시야가 흐릿해지고 한 걸음 떼기도 벅찼다. 이상했다.

기사를 마감한 뒤 부서에 양해를 구하고 일찍 퇴근했다. 그 길로 정기 진료를 받고 있는 서울대학교병원 산부인과로 향했다. 왠지 이번엔 영양제나 철분 주사만으로는 충분하지 않을 것 같아서다.

병원에 도착했다. 산부인과 진료 예약도 하지 않았고 저녁 시간이기도 해서 곧장 응급 병동으로 갔다. 걷고 있었지만 땅에 발을 딛고 있다는 느낌이 없었다.

응급 병동 복도에서 주치의와 우연히 마주쳤다. 병실 회진 중이던 담당의사는 나를 보고 놀라며 내가 말을 채 꺼내기도 전에 황급히 간호사를 불렀다.

"이분 당장 휠체어에 태우고 검사실로 가세요!"

영문도 모른 채 휠체어에 실려 초음파 검사실로 갔다. 태동 검사를 받았고 혈액 검사를 위해 피도 뽑았다.

다행히 태아는 잘 있었다. 안심했다. '그럼 그렇지. 별일 아니겠지. 조금 쉬었다 가라고 할 거야.'라고 생각했다.

그런데 혈액 검사 결과를 본 담당의사가 심각한 표정으로 내게 왔다. 그리고 조금 무거운 목소리로 말했다.

"혈액 수치가 아무래도 이상합니다. 정상적으로 나타나는 백혈구나 적혈구 수치가 아니에요. 백혈구 수치는 정상치의 10퍼센트도 안 되고, 헤모글로빈 수치도 너무 낮아요. 혈액종양내과에서 정밀 검사를 받아야겠습니다."

"그럴 리가 없어요. 임신 초기에 했던 혈액 검사는 모두 정상이었는데요? 그게 고작 몇 달 전이잖아요. 혹시 일시적으로 그런 것 아닐까요?"

"임신 때문에 일시적으로 나타날 수 있는 사소한 이상이 아닌 것 같습니다. 임신 중 빈혈 가능성을 감안해도 이런 혈액 수치는 나올 수가 없거든요. 아, 너무 걱정하지 마세요. 검사해보면 원인이 나올 겁니다. 그래도 빨리 입원을 하셔야 합니다."

회사에 며칠간 병가를 신청한 뒤 남편에게 전화했다.

"여보, 나 입원하라고 하네."

"무슨 소리야? 입원이라니…?"

"나도 모르겠어. 혈액 수치가 좀 안 좋대. 혈액종양내과에서 정밀 검사를 해봐야 알겠대."

내 연락을 받은 남편은 친정엄마와 함께 서둘러 병원으로 달려왔다. 나뿐 아니라 남편과 친정엄마도 느닷없는 입원 얘기에 황망한 상태였다. 무슨 일이 일어나는지 전혀 알 수가 없었다.

남편은 담당의사에게 간단한 설명을 듣고, 집에 계신 시어머니께 연락을 드린 뒤 입원 수속을 밟으러 응급실로 갔다. 그동안 엄마는 내 손을 꼭 잡고 계셨다.

"미아야, 괜찮을 거다. 별일 없을 거야. 이런 때일수록 정신 똑바로 차려야 한다."

하지만 그렇게 말씀하시는 엄마의 손은 부들부들 떨리고 있었다. 정체를 알 수 없는 두려움이 우리를 휘감고 있었다.

청천벽력 같은 소식

나는 임신 7개월이었기 때문에 방사선을 이용하는 컴퓨터단층촬영(CT)이나 양전자방출단층촬영(PET-CT)은 할 수 없었다. 당시 할 수 있는 건 혈액 검사와 심전도 검사, 초음파 검사 정도였다. 그래서 정밀 검사가 다른 사람들보다 오래 걸렸다. 입원한 지 일주일이 넘었는데도 검사 결과는 나오지 않았다. 속이 타들어가는 것 같았다.

입원 후 열흘쯤 지났을 때 혈액종양내과 병동 주치의가 찾아와 이렇게 말했다.

"골수 검사와 조직 검사를 해야 할 것 같습니다. 이런 말씀 드리기 너무나 송구스럽지만…, 암일 수도 있습니다."

순간 내 두 귀를 의심했다.

"암일 수도 있다니, 그게 무슨 말씀이세요?"

주치의가 설명을 덧붙였다.

"지금으로선 CT나 PET-CT를 찍을 수 없기 때문에 정확한 병명이 무엇인지 확답을 드릴 순 없습니다. 그런데 혈액 수치상으로 봤을 때 의심되는 병이 몇 가지 있습니다. 그게 무엇인지 알기 위해서 골수 검사를 하는 겁니다."

골수 검사는 엉덩이 쪽에 국소마취를 한 뒤, 해당 부위의 뼈에 바늘을 넣어 골수 조직을 떼어내서 골수의 상태를 확인하는 검사다. 임신부인 나는 배가 많이 나와서 다른 사람들처럼 엎드려서 검사를 받을 수 없었다. 게다가 엉덩이는 살집이 많은 곳이라 골수 검사용 바늘이 뼈까지 잘 들어가지 않았다. 내가 옆으로 누워서 침대 난간을 붙잡자 의사 세 명이 합세하여 골수 조직을 채취했다.

골수 검사를 겨우 마치고, 바늘로 찔렀던 부위를 소독하고 거즈와 붕대를 붙였다. 지혈을 위해 네 시간 동안 꼼짝도 하지 못한 채 천장을 보고 똑바로 누워 있어야 했다. 숨이 턱턱 막히는 기분이었다.

나는 배를 어루만지며 혼잣말로 되뇌었다.

"복둥아, 아까 많이 놀랐지? 엄마한테 도대체 무슨 일이 벌어지고 있는 걸까? 어서 집에 가고 싶어."

골수 검사를 받은 지 사흘이 지났다. 검사 결과를 묻는 내게 병동 주치의는 결과는 알려주지 않고 다른 말을 했다.

"조직 검사를 추가로 받으셔야겠어요. 종양이 있을 것 같다는 결과가 나왔습니다. 검사 대상 조직을 떼어낼 부위를 찾기 위해 목과 가슴, 다리 등에 초음파 검사를 먼저 할 겁니다."

골수 검사의 충격이 채 가시지 않은 내게 주치의의 말은 너무나 황당하게 들렸다.

1층 검사실로 내려갔다. 내 목에 초음파 기기를 대고 모니터를 들여다보던 영상의학과 의사가 "이것 같은데…"라고 혼잣말을 했다.

"목 쪽에 뭐가 보이나요?"

"아, 아닙니다. 나중에 담당 선생님께 들으세요."

초음파를 찍던 의사는 내 물음에 말끝을 흐리며 얼버무렸다.

목 부위에 초음파 검사를 받은 다음 날 1층 검사실로 다시 내려갔다. 이번엔 외과의사가 와서 내 목에 부분마취를 하고 조직을 떼어냈다.

마취된 곳만 빼고 내 얼굴과 가슴이 파란 천으로 가려졌다. 나도 모르게 계속 눈물이 흘렀다. 그때 조직 검사를 맡은 의사가 경쾌한 목소리로 설명을 해주었다.

"종양 부분이 초음파에 잡히는데 이거, 생각보다 깊은데요. 근육 밑에 박혀 있어요. 그런데도 잘 참고 계시니 다행입니다. 조금만 더 참아주세요. 자꾸 우시면 더 오래 걸립니다."

의사는 내 기분을 풀어주려고 일부러 목소리를 밝게 했으리라. 그러나 난 머릿속으로는 그 배려를 이해하면서도 한 대 때리고 싶은 마음이 울컥 솟았다.

'이 양반아, 나는 지금 당신 목소리가 더 싫어. 이 마당에 그렇게 웃으면서 말하면 환자 기분이 어떻겠어?'

2010년 9월 28일, 입원한 지 3주째 되는 날이었다. 병동 주치의가 와서 알렸다.

"검사 최종 결과가 나왔습니다. 유감스럽지만… 암입니다."

기대했다. 암은 아닐 거라고. 하지만 그 한 조각 기대마저 날아가고 말았다. 가차 없이 암 진단을 받은 것이다. 얼어붙은 채 아무 표정이 없는 나를 향해 주치의는 말을 이었다.

"이미아 님의 최종 진단 결과는 악성림프종입니다. 조금 더 자세히 말씀드리면 '미만성 거대 B세포 림프종' 인데요, 림프구에 있는 면역세포 중에 B세포가 있는데 그 세포에 문제가 생긴 겁니다. 항암치료가 아주 잘되는 암 중 하나입니다. 그러니까…."

"아기는…, 아기는 낳을 수 있는 거죠?"

"치료를 위해서 포기해야 할 수도 있습니다만…."

"안 돼요, 안 돼! 안 돼! 내 아기를 잃을 순 없어!"

아기를 포기해야 할 수도 있다는 말을 듣자마자 나는 이성을 잃었다. 옆에 계시던 엄마 품에 안겨 큰 소리로 울었다. 내가 암에 걸렸다는 사실보다 아이를 잃을 수도 있다는 사실이 훨씬 공포스러웠다.

"산부인과 진료를 받고 싶어요. 지금 당장요. 담당 선생님께 직접 설명을 들어야겠어요."

"우선 혈액종양내과 교수님께서 먼저 오셔서 설명해드릴 겁니다. 그런 다음 산부인과 외래진료실로 가시지요."

병동 주치의가 나간 지 얼마 되지 않아 혈액종양내과 담당의사가 병실로 와서 더욱 자세하게 알려줬다. 내 병의 진단명은 '미만성 거대 B세포 림프종(Diffuse Large B-Cell Lymphoma, DLBCL)'으로 혈액암의 일종이었다. 이름조차 생소한 이 병은 림프구에서 생성된 면역세포 중 하나인 B세포에 문제가 생겨 나타나는 암이다. 림프종에도 여러 종류가 있는데 흔히 '악성림프종'이라고 통칭한다. 생존율은 60~70퍼센트로 꽤 높은 편이라고 했다. 그렇지만 역으로 보면 열 명 중 세 명에서 네 명은 살지 못한다는 뜻이기도 했다.

암세포는 이미 전신에 퍼져 있었다. 또 암이 골수까지 파고들어 골수에서 백혈구와 과립구 같은 면역세포와 적혈구, 혈소판을 제대로 만들어내지 못하는 상황이었다.

"림프종은 항암치료 효과가 다른 암에 비해 매우 좋습니다. 앞으로 완치를 목표로 치료할 예정입니다. 힘든 과정을 거치시겠지만 꼭 해내실 겁니다. 산부인과와 협진해서 이미아 님과 태아 모두 살리는 방향으로 진행할 겁니다."

"저희 집안엔 이런 병을 가진 사람이 없는데요. 제게 왜 생긴 걸까요?"

"글쎄요, 림프종의 원인은 아직 정확히 밝혀진 게 없습니다. 유전되지도 않고요. 지금으로선 이 말씀밖엔 드릴 수가 없네요."

"저와 아기 둘 다 살 수 있다는 건가요?"

"그렇습니다. 가능성이 충분히 있습니다. 항암치료는 내일부터 바로 들어갈 겁니다."

"임신 중인데도 항암치료를 받을 수 있나요?"

"네. 태아의 상태와 출산에 대해선 산부인과에서 더 자세히 알려줄 겁니다."

산부인과 담당의사도 "아이와 산모 모두 무사할 것이라고 확

신합니다"라고 말하며 내게 기운을 북돋워줬다.

"임신 후반기엔 자궁과 태반이 태아를 항암제로부터 지켜줍니다. 아기의 생명력은 이미아 님께서 생각하는 것보다 훨씬 강하답니다. 임신 중에 암에 걸리는 환자들 의외로 많아요. 그리고 대부분 무탈하게 출산한답니다."

"아기는 정상적으로 낳을 수 있을까요?"

"치료가 진행되는 과정을 봐야 알겠지만 아마도 예정일보다 한 달 정도 빨리 낳을 겁니다. 제왕절개를 할 거고요. 원래 40주를 채운 뒤 낳지만, 사실 의학적으로는 임신 37주째부터 정상 출산으로 봅니다. 만 36주를 채우면 정상이라는 얘기죠. 그러니 절대 실망하시면 안 됩니다. 치료 열심히 받으세요."

도무지 믿을 수 없는 일이 내 눈앞에 현실로 들이닥쳤다. 임신한 채 암 환자가 된다는 걸 누가 상상이나 하겠는가. 여전히 믿기지 않았으나 현실이었고, 현실이었지만 받아들일 수 없었다. 너무나 혼란스러웠다.

그런데 영영 잃을 것만 같았던 이성이 점점 되살아났다. 머리가 차가워졌다. "아이와 이미아 님 둘 다 살릴 수 있습니다"라는 의사 말이 뇌리에 깊이 박혔다.

나는 남편에게 보험사에 암 보험금을 청구하고, 회사 홈페이지에 들어가서 휴직 신청서를 인쇄해 가져다달라고 부탁했다.

그리고 부서에 내가 암에 걸렸다는 사실을 알렸다. 순간순간 정신이 아득해졌지만, 당장 해야 할 일을 찾아서 처리했다.

병동 주치의는 그런 나를 보고 의아하다는 듯이 물어봤다.

"괜찮으세요? 마음이 많이 힘드실 텐데요."

"이미 생긴 일, 바꿀 수 없다면 헤쳐나가는 수밖에요."

"그래도 지금 상태에선…. 무척 놀라운데요. 어떻게 그렇게 차분하실 수 있나요?"

"이렇게 해야 둘 다 살 수 있으니까요. 지금 제가 넋을 놓았다간 저와 뱃속 아이의 생명이 위태롭잖아요."

보험금 청구서류도 작성하고, 회사에도 휴직서를 냈다. 하지만 정작 내 수첩엔 암 진단을 받았다는 사실을 차마 쓸 수 없었다. 인정할 수가 없었으니까. 그렇게 나는 림프종과 처음 마주했다. 뱃속에서 꿈틀대는 사내아이를 품은 채.

대머리 임신부가 되다

"뚝, 뚝…."

"툭, 툭…."

"뚝, 뚝…."

"툭, 툭…."

2010년 9월 29일, 항암제가 링거 줄을 타고 내 몸으로 들어왔다. 뱃속의 '복둥이'가 가만가만 속삭이듯이 발길질을 했다. 아무것도 모른다는 듯이. 아니, 다 알고 있다는 듯이. 두 줄기 눈물이 뺨을 타고 흘러내리며 베개를 적셨다.

스물아홉 살, 아직 젊디젊은 내가 도대체 왜 암에 걸렸는지 누구에게 물을 수조차 없는 상황이었다. 가장 아름답고 찬란해야 할 임신 시기에 왜 이런 처참함을 맛보며 병실 침대에 누워 있어야 하는지. 그저 살려만 달라고 빌었다. 나와 아이 모두.

내 항암치료에 쓰일 약은 모두 다섯 가지였다. 그중 네 개는 링거로 주사하고, 나머지 한 개는 먹는 약이었다.

첫 번째 항암제가 투여될 때 둘째 임신을 처음 확인했던 날이 떠올랐다. 4월의 어느 봄날이었다. 한 달 넘게 월경이 없어서 임신 테스터기로 확인했다. 임신임을 나타내는 두 줄이 또렷하게 나타났다. 회사 인근의 산부인과에 가서 초음파 검사를 했다. 자궁 안에 자리 잡은 아기집이 선명하게 보였다.

첫째 딸이 세 살이니 터울도 딱 좋다 생각했다. 기쁜 마음으로 가족에게 임신 사실을 알렸고, 모두가 행복해했다. 큰애는 "여기에 동생 아가가 있는 거야?"라며 내 배에 귀를 대고 신기하다는 표정을 지었다.

두 번째 항암제를 맞을 땐 임신 5개월을 맞아 정밀초음파를 찍던 때가 생각났다. 태아가 건강하다며 축하 인사를 건네던 초음파 담당의사가 아이의 다리 부근을 보더니 "에고, 이 녀석이 자기가 딸인지 아들인지 엄마에게 얼른 알려주고 싶었나 봐요"라며 웃었다. 딸과 아들을 함께 키울 것이라 생각하니 정말 뿌듯했다.

작은 주사기 안에 담긴 세 번째 항암제가 링거 줄을 타고 들어올 땐 그저 아무 생각이 없었다. 그리고 가장 큰 병에 담긴 네 번째 항암제를 맞을 땐 몸이 갑자기 추워지고, 숨이 가빠졌다. 그 약의 이름은 '리툭시맵'이었는데, 림프종치료에 큰 효과를 나타낸 신약이라고 했다.

그렇게 1차 항암치료가 끝나고 퇴원했다. 그런데 정확히 2주 3일 만에 머리카락이 한 움큼씩 빠지기 시작했다. 자고 일어나면 베갯잇이 온통 까만 머리카락으로 덮여 있었다. 손가락만 조금 스쳐도 한 움큼씩 스러져갔다.

그렇게 머리카락을 잃는 것을 보며 괴로워하느니 차라리 그냥 다 깎아버리는 게 나을 것 같았다. 엄마와 함께 가발가게에 가서 가발을 맞췄다. 그리고 거기서 머리를 밀었다.

"엄마, 이것도 기념인데 제 사진 찍어주세요."

"그럴까?"

엄마께 내 휴대폰을 드렸다. 카메라 렌즈를 향해 있는 힘껏

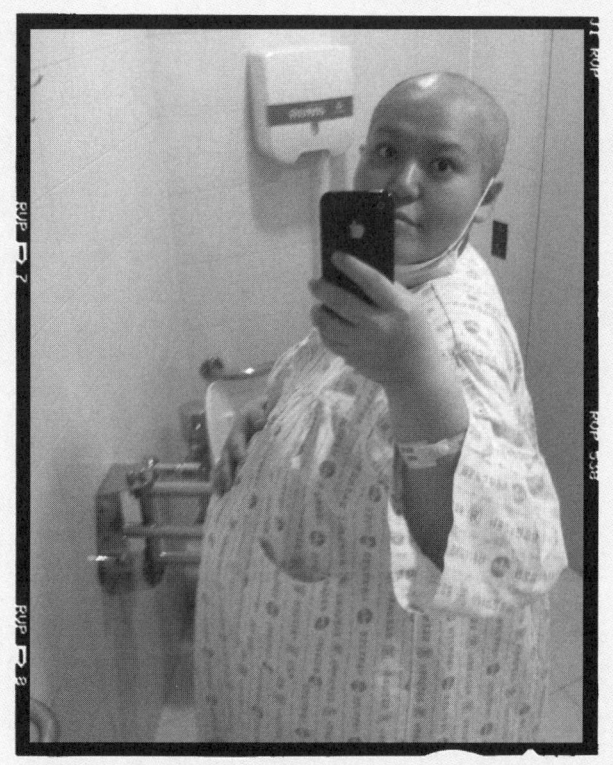

머리카락이 한 움큼씩 빠지기 시작했다. 자고 일어나면 베갯잇이 온통 까만 머리카락으로 덮여 있었다. 손가락만 조금 스쳐도 한 움큼씩 스러져갔다. 그렇게 머리카락을 잃는 것을 보며 괴로워하느니 차라리 그냥 다 깎아버리는 게 나을 것 같았다. 엄마와 함께 가발가게에 가서 가발을 맞췄다. 그리고 거기서 머리를 밀었다.
"엄마, 이것도 기념인데 제 사진 찍어주세요."
"그럴까?"
엄마께 내 휴대폰을 드렸다. 카메라 렌즈를 향해 있는 힘껏 웃었다. 사진 속 나는 파르라니 민머리였다.

웃었다. 사진 속 나는 파르라니 민머리였다.

대머리가 된 나를 보고 엄마는 눈물을 참지 못하고 잠깐 나갔다 오셨다. 그리고 다시 돌아와선 웃는 얼굴로 "우리 딸 두상 참 예쁘네. 치료 다 끝나면 머리 금방 자랄 거야"라고 다독이셨다. 가발가게 주인도 "항암치료 다 끝나면 전보다 더 굵고 까맣게 자라니까 걱정 말아요. 가발이 참 잘 어울리네요"라고 말하며 우리를 위로해주었다.

머리를 깎고 가발을 맞추고 나오니 어느덧 점심시간이었다.

"엄마, 이 근처에 맛있는 돈가스 집 있어요. 같이 갈래요?"

"그러자. 가발 말이야, 참 잘 어울린다. 가발인지 모르겠어. 그냥 네 원래 머리 같아."

그날 엄마와 함께 먹었던 돈가스 맛을 잊을 수 없다. 맛있다며 웃으며 먹었지만 우린 둘 다 알고 있었다. 마음속으로는 서로 부둥켜안고 울고 있다는 걸.

인생길 참 어렵구나

2010년 11월, 출산을 한 달 정도 앞두고 2차 항암치료를 위해 입원해 있을 때였다.

"행로난, 행로난, 다기로, 금안재…."

"행로난, 행로난, 다기로, 금안재…."

병실 침대에 누워 있던 나는 무심코 한시 구절 하나를 노래하듯이 되풀이하며 외고 있었다. 중국 당나라 시인 이백이 지은 〈행로난〉의 일부였다. '인생길 참 어렵네. 갈림길은 많은데 나는 어디에 있는 걸까' 라는 뜻의 이 짧은 시구는 내가 힘든 일이 있을 때마다 혼잣말로 읊조리던 말이었다.

예전 같으면 그냥 몇 번 중얼거리다 말았을 텐데 그날은 달랐다. 뼛속 골수에 사무치도록 처절하게 느껴졌다. 정말 내 처지에 꼭 들어맞는 내용이었기 때문이다. 시가 보여주는 이미지는 어디로 가야 할지 전혀 알 수 없는, 앞길을 예측할 수도 없이 마냥 걷고 있는 내 모습과 너무나 닮았다.

"딱 내 얘기네…"라고 되뇌는 순간, 한시 공부를 좋아했던 대학생 시절이 떠올랐다. 아무 고민 없이 건강했던, 공부 그 자체가 좋았던 새파란 이십대 초반의 행복한 나날들이 생각났다.

나는 대학교에서 중어중문학을 전공했다. 중국이 강대국으로 떠오를 것이란 전망이 대두되면서 당시 학교 내 인문학부 학생들은 너도나도 중어중문학 전공을 선택했다. 그리고 취직을 위해 경제학이나 경영학을 복수전공 하는 학생이 많았다.

그렇지만 나는 순전히 중국의 역사와 문학에 관심이 많아서 전공으로 택했다. 어릴 때부터 중국 드라마와 영화를 즐겨 봤고, 김용의 무협소설을 좋아했다. 중·고등학생 때는 사마천의 《사기》를 읽으며 기자의 꿈을 키웠다.

대학에 입학하여 관심 있는 분야를 마음껏 공부할 수 있어서 좋았다. 중국사와 중국 문학 수업을 열심히 들었고 틈틈이 도서관에 가서 마음에 드는 한시 작품들을 찾아 읽었다. 비록 학점은 썩 잘 받지 못했지만, 그 시절 한시와 중국사 공부는 내게 정말 행복한 경험이었다.

그 가슴 떨리던 추억, 문인들의 작품을 만날 때마다 마치 시간 여행을 하며 인생의 여러 단면을 간접 체험하는 것 같았던 감동, 그 마음의 거대한 파도가 병실의 내게 다시 찾아왔다.

퇴원 후 집에 와서 대학생 때 공부했던 한시들을 오랜만에 다시 꺼내 읽었다. 그중 제일 먼저 눈에 들어온 건 역시 〈행로난〉이었다. 예전엔 그저 '술을 지독히 사랑하는 기이한 천재시인'으로만 생각했던 이백의 모습이 너무나 다르게 다가왔다.

이백(701~762년)은 중국에서 '시선(詩仙)', 즉 '시문학계의 신선'으로 불린다. 그만큼 중국에서 천 년이 넘는 세월 동안 여전히 최고의 시인으로 대접받는다. 그러나 그의 삶은 그리 순탄치 못했다. 천고에 이름을 남긴 뛰어난 문인들의 삶이 대부분 그러했듯이.

이백은 중국 서역 지방의 부유한 상인 집안에서 태어났고, 그 후 촉(蜀, 지금의 쓰촨성) 땅에서 자랐다. 이십대 때 고향을 떠나 수도 장안(長安, 지금의 시안)으로 와서 조정에 출사하기 위해 애를 썼다. 그러나 관료들은 이백의 능력은 인정하면서도 너무나 곧고 자유분방한 그의 성격은 수용하지 못했다. 나이 마흔이 넘어서야 비로소 현종의 부름을 받아 궁에 들어간다. 하지만 그에게 주어진 역할은 궁정 연회 때 시를 쓰는 일뿐이었다. 이백은 나라를 위해 일하기를 원했지만, 현종을 비롯한 주위 사람들은 그를 그저 술 잘 먹는 미친 시인으로만 대했다. 이백은 궁을 떠나 또다시 방랑길에 오른다. 그리고 62세를 일기로 쓸쓸히 세상을 떠난다.

〈행로난〉에서 나타나는 '길'은 실제 이백이 걸었던 방랑길일 수도 있고, 자신의 인생을 우회적으로 표현한 것일 수도 있다. 이백은 술기운을 빌려 심정을 토로하기는 하지만 결코 자신을 술항아리 속에 처박아두진 않는다. 언뜻 보면 허무함을 노래하는 것 같아도 실제로는 항상 희망을 찬미한다. 그 넓은 황하가 얼어붙어도, 온 산에 눈이 가득해도 이백은 희망의 끈을 절대 놓지 않는다. 그는 자신이 노래하는 시의 아름다움으로, 자신의 가슴속에 품은 웅지만으로도 스스로를 자랑스러워할 수 있다.

병을 앓던 내게 그런 이백의 모습은 처연하면서도 당당하게

다가왔다. 그는 진정 사람다움이 무엇인지 아는 사람이었다. 다정하면서도 매우 현실적이었다. 작품 속에서 만난 이백의 모습은 자신에게 닥친 고난을 절대 회피하지 않는 사람이었다. 그는 돌아서는 대신 맞닥뜨렸고, 결국 초월했다.

나는 〈행로난〉의 마지막 두 구절에 집중하기로 했다. 돛을 받쳐줄 큰바람이 불어와 험한 파도를 헤쳐나갈 날이 반드시 오리라고 믿기로 했다. 바다를 건널 배와 돛을 준비하듯이 열심히 치료를 받기로 했다.

항암제를 맞으면 각종 부작용이 생긴다. 항암제가 암세포뿐만 아니라 모발세포, 생식세포, 피부세포를 비롯하여 각종 세포를 공격하기 때문이다. 식욕도 급격히 줄어서 밥을 먹는 게 꼭 모래를 씹는 기분이다. 항암제가 암세포만 딱 잡아내지 못하고 암세포처럼 증식 속도가 빠른 세포들까지 일망타진하기 때문에 벌어지는 일이다. 알고 보면 매우 '멍청한 독약'인 셈이다.

특히 혈액암 환자는 몸속의 면역세포가 거의 바닥난 상태이므로 일상생활에서도 매우 조심해야 한다. 지하철이나 버스도 타지 못하고, 화초를 키울 수도 없고, 쓰레기를 버리러 갈 수도 없다. 비가 오는 날엔 아예 밖에 나갈 수가 없고, 음식도 완전히 익힌 것만 먹어야 한다. 자기 손으로 걸레질 한 번 하기도 힘겹고, 가방 하나 드는 것조차 버겁다. 건강했을 땐 '그까짓 일'이었던 것들이 암에 걸리면 더는 '그까짓 일'이 아니다.

　달라져버린 외모도 가슴을 찢어놓는다. 대머리가 되리라곤 상상조차 할 수 없던 내 머리가 빡빡머리로 변했다. 피부도 칙칙하고 거칠어졌다.

　하루하루 배는 점점 불러왔다. 부른 배를 안고 항암제를 맞으러 택시를 타고 병원으로 향할 때, 택시 유리창이 마치 감옥의 창살처럼 느껴졌다. 바로 손을 뻗으면 닿을 것 같은데도 닿을 수 없는 평범한 거리의 모습, 출근하느라 바삐 걸어가는 사람들을 바라보며 그저 눈물을 삼킬 뿐이었다. 그때마다 나는 혼자 중얼거렸다.

　"나도 얼마 전엔 바로 저 거리에 있었잖아."

　항암제를 맞을 때도 고통은 피할 수 없었다. 난 유독 리툭시맵을 맞을 때 부작용을 많이 겪었다. 갑자기 저혈압 쇼크가 와서 정신을 잃고 쓰러지기도 했다. 열이 38도까지 오르고, 오한에 시달렸다. 속은 뱃멀미를 하듯이 내내 메슥거렸다.

　항암치료가 끝나고 나면 3~4주 동안 휴식기를 가진다. 그래야 항암제를 다시 맞을 체력과 면역력이 생기기 때문이다. 보통 항암제를 맞은 지 1주일 정도 지나면 면역세포 수가 빠르게 줄어들면서 바닥을 치고, 다시 일주일이 지나야 어느 정도 제자리를 찾게 된다. 그런 과정을 총 여덟 번 반복했다. 그리고 그중 처음 세 번의 치료는 임신 중에 받았다.

입원 중에 초음파 검사를 하러 산부인과 외래 병동으로 갈 때면 만감이 교차했다. 마스크를 쓴 대머리 만삭 여인을 보고 다른 임신부들은 어떻게 생각할까 싶기도 했다. 모두들 나를 비웃는 것 같은 기분이었다. 초음파 검사를 받을 때 아이가 발길질을 하는 모습을 보며 하염없이 울었다. 미안하다고, 미안하다고, 울고 또 울었다.

먹고 싶지 않아도 열심히 먹었다. 설렁탕에 돼지갈비, 만두 등등 조금이라도 입맛 당기는 음식이 있으면 뭐든지 먹었다. 내가 먹고 싶다는 음식을 갖다 나르느라 엄마와 남편이 엄청 고생했다. 아이를 살찌우고 싶었다. 예정된 달수를 다 못 채우고 나와야 하는 내 아기, 태어나자마자 인큐베이터로 보내긴 싫었다.

2010년 12월 1일, 아이가 세상에 나오는 날이었다. 임신한 지 만 36주가 되는 날이니 원래 예정일보다 한 달 일찍 태어나는 것이다.

이 날짜가 정해지기까지 혈액종양내과와 산부인과 간에 약간의 마찰이 있었다. 혈액종양내과 입장에선 뱃속의 아기를 빨리 꺼내야 했다. 그래야 항암치료에 더 속도를 낼 수 있었으니까. 임신부인 내게는 원래 정해진 항암제 용량의 75퍼센트만 썼다. 게다가 중간 검사도 제대로 할 수 없었다. 그랬기에 항암치료의 진척 상황이 어떤지 아기를 낳기 전엔 제대로 알기 어려웠다.

그러나 산부인과에선 산부인과대로 고충이 있었다. 혈소판 수치가 정상치의 40퍼센트 정도밖에 안 됐기 때문에 자연분만은 애초부터 생각도 못했다. 게다가 백혈구 수치도 1,000대 초반(정상치는 4,000 이상)에 불과해서 제왕절개 후 회복에도 어려움이 따를 수 있다고 보고 있었다.

그렇게 우여곡절 끝에 출산일은 결정됐고, 나는 양팔에 총 다섯 개의 수액 주삿바늘을 꽂은 채 수술실로 들어갔다. 수술 내내 빨간 피와 혈소판을 수혈받아야 했다. 그리고 만에 하나 있을지 모를 위급 상황에 대비하여 각종 약제도 준비됐다. 마취에 들어가기 직전 난 산부인과 담당의사의 말을 똑똑히 들었다.

"하나님, 기도합니다. 제발 이 환자 수술이 잘되게 해주세요."

회복실에서 정신이 들었을 때 가족과 간병인 아주머니의 모습이 보였다. 체중 3.2킬로그램의 건강한 사내아이를 낳았다고 했다. 아이는 '안현준'이란 이름을 얻었다.

휠체어에 앉아 신생아실 창문 너머로 아이를 봤을 때의 기분은 뭐라 표현할 수가 없었다. 기뻤다. 슬펐다. 자랑스러웠다. 미안했다. 안심했다. 불안했다.

한 달 일찍 태어나서 그런지 몰라도, 첫애 때와 너무 다른 상황이어선지 몰라도 아이의 팔다리가 내 눈엔 너무나 가늘게만 보였다. 태어나자마자 머리숱이 가득했던 첫애와는 달리 둘째 아이는 머리카락이 하나도 없었다. 아이가 크면서 머리카락도 다 자라게 돼 있다고 신생아실 간호사가 말했지만 그때 내겐 아무런 위로도 되지 않았다.

그래도 수술 부위는 모두의 걱정과 달리 빠르게 아물었고, 몸도 회복되어갔다. 그러나 진짜 난관은 그때부터였다. 아이를 무사히 낳았으니 이젠 내가 살아남아야 했다.

얇은 유리처럼 아슬아슬한 내 몸

출산 후 2주 만에 PET-CT 검사와 골수 검사를 받았다. 병세가 어느 정도인지, 임신 기간 중 받은 항암치료가 얼마나 효과가 있었는지 빨리 파악해야 했다.

아기를 낳은 후 첫 정기 진료에서 혈액종양내과 담당의사에게 물었다.

"언제쯤이면 회사에 복직할 수 있을까요?"

의사의 답은 단호했다.

"못합니다."

뜻밖의 대답에 나는 무척 놀랐다.

"예…? 왜요?"

"검사 결과를 봤는데 생각보다 암세포가 많이 없어지지 않았어요."

"도대체 얼마나 심각한 거죠? 얼마나 오래 치료해야 하나요?"

"이제 출산을 하셨으니 드리는 말씀이지만…, 만약에 한 달만 더 늦게 발견됐더라도 예후를 장담할 수 없었을 겁니다. 저는 조혈모세포 이식도 생각하고 있습니다."

"조혈모세포 이식이라면 골수 이식을 말씀하시는 건가요?"

"맞습니다. 일단은 지금 쓰고 있는 항암제를 다섯 번 더 쓸 거예요. 그리고 그때 상황을 봐서 자기 조혈모세포를 받는 자가 이식을 할지, 형제나 다른 사람에게 받는 동종 이식을 할지 결정할 겁니다."

"그럼 치료 기간은 앞으로 얼마나 더 걸릴 것 같나요?"

"1~2년은 더 잡아야 합니다. 치료가 다 끝나고 나서도 1년 정도는 재발을 막기 위해 꾸준히 통원하면서 관리를 받아야 하니까요."

너무 순진했다. 내 병이 어느 정도로 심각한지 그제야 깨달았다. 그렇지만 우울해할 시간이 없었다. 난 그때 이십대의 마지막 1년을 보내고 있었고, 세 살짜리 딸과 갓 태어난 아들이 있었다. 남편과 시어머니, 친정 부모님과 동생을 생각하면 더더욱 비관만 하고 있을 수 없었다.

"장풍파랑회유시, 직괘운범제창해…. 장풍파랑회유시, 직괘운범제창해…."

"행로난, 행로난"을 외던 내 입에서 이젠 그다음 구절이 나오기 시작했다. 믿어야 했다. 다시 나아 돌아갈 '그날'이 오리란 것을 믿어야만 했다.

2011년 8월 22일. 여덟 번의 항암치료를 모두 마치고, 자가 조혈모세포 이식치료를 받는 날이었다. 공교롭게도 그날은 큰딸의 생일이었다. 암 환자들 사이에서 이식치료 받는 날을 '제2의 생일'이라고 하는데 바로 그날이 딸의 생일과 겹친 것이다.

자가 조혈모세포 이식치료는 컴퓨터가 고장 났을 때 컴퓨터 안의 자료를 모두 없애고 본체를 포맷한 뒤, 새 프로그램들을 다시 깔아주는 원리와 아주 비슷하다. 조혈모세포는 핏속에 있는 여러 가지 세포의 '엄마 세포'라고 보면 된다. 몸속 병균과 싸우는 백혈구와 전신에 산소를 공급하는 역할을 맡는 적혈구, 피의 응고를 돕는 혈소판 등이 바로 조혈모세포에서 분화된 혈액세포들이다.

조혈모세포 이식을 위해선 우선 항암치료가 다 끝난 뒤 실시하는 각종 검사에서 '관해(암세포가 보이지 않는 단계)' 판정을 받아야 한다. 그리고 목에 작은 관을 꽂아 몸에 남아 있을지도 모르는 암세포를 없애는 항암제를 맞는다. 그 항암제를 맞은 뒤 백혈구와 적혈구, 혈소판의 수치가 다시 오르는 시점에 목에 꽂았던 관을 통해 조혈모세포를 뽑아낸다. 그렇게 얻은 조혈모세포를 급속 냉동시켜 보관한다.

조혈모세포를 채취한 후엔 퇴원했다가 1~2주 후 다시 입원해 가슴에 '히크만 카테터'란 관을 꽂는다. 이것은 심장으로 통하는 굵은 혈관과 직접 연결된다. 히크만 카테터를 꽂고 나면 몸속 백혈구와 적혈구, 혈소판을 거의 0으로 만드는 강력한 항암제를 서너 가지 혼합해서 맞는다. 그리고 미리 냉동 보관했던 조혈모세포를 히크만 카테터를 통해 이식받는다. 몸 안에 들어온 조혈모세포는 다시 부지런히 혈액세포들을 생산하며 체내 면역체계를 새롭게 구성한다. 이식 후 경과를 지켜본 뒤 회복 예후가 좋으면 퇴원한다.

이식치료를 받는 동안엔 무균 병동에 입원한다. 이 병동은 철저하게 감염 방지를 위해 만들어진 곳으로 말 그대로 외부와 차단돼 있다. 병동 복도조차 암호를 입력하고 들어가야 한다. 병동 복도로 들어오기 전 신발을 갈아 신고, 갈아 신은 신발에도 소독제를 뿌린다. 보호자는 한 명으로 제한되며, 모든 식기와 세면도구는 소독돼야 한다. 또 늘 마스크를 끼고 다녀야 한다. 화장실엔 알코올 소독제를 담은 분무기를 갖고 들어가서 용변을 보기 전과 후 각각 휴지에 소독제를 묻혀서 변기를 닦아야 한다. 창문을 열 수도 없다. 외부 공기가 들어와 세균 감염을 일으킬 위험이 있기 때문이다.

무균 병동에 입원한 환자들은 마치 부서지기 쉬운 얇은 유리처럼 면역력이 약해져 있어서 사소한 감기 하나로도 목숨이 오락가락한다. 너무나 답답한 생활이지만 환자들 표정은 생각보다 어둡지 않다. 치료를 받고 살아나갈 수 있다는 희망이 있기 때문이다.

아직 내게 그런 일이 일어나진 않았지만, 어쩌면 병이 재발할 수도 있다. 하지만 두려움은 두려움대로 가슴속에 한 조각을 품은 채 산다. 두려움 없는 삶이란 원래 없을 테니까.

마음이 급해지고 나 자신이 초라해질 때마다 이백의 〈행로난〉을 베껴 써본다. 그러면 이백은 술잔을 들고 내게 말을 건다.

"야, 거기 너! 계속 징징거리면서 쩨쩨하게 굴 거야? 사는 게 그렇게 쉬울 줄 알았니? 원래 사람이란 말이지, 자기가 어디 있는지 아무도 몰라. 나도 모르고, 너도 몰라. 기다리라고. 기다리라고, 이 바보야. 네가 널 버리지 않으면 그걸로 된 거야. 넌 너다워야 하는 거라고."

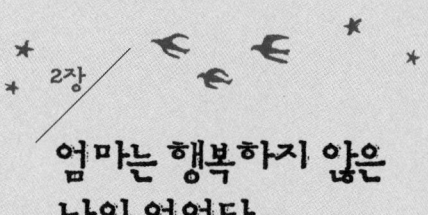

2장
엄마는 행복하지 않은 날이 없었다

내 오직 바라는 건, 우리 아이가 어리석고 둔해서
아무 탈 없이 높은 관직에 오르는 것이라네.

惟願孩兒愚且魯   유원해아우차노
無災無難到公卿   무재무난도공경

- 소동파의 〈세아희작〉 중에서

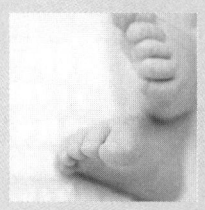 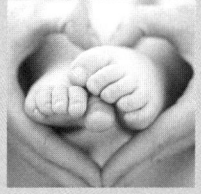

엄마는 행복하지 않은 날이 없었다

2010년 12월 2일 아침, 나는 서울대학교병원 3층 신생아실 창문을 사이에 두고 둘째와 처음 만났다. 출산은 전날 했지만 제왕절개 수술 후 마취에서 깨어나는 데 시간이 좀 걸렸고, 신생아실 면회 시간도 지났기 때문에 당일엔 직접 볼 수 없었다. 아들이 갓 태어났을 때 모습은 남편이 사진으로 찍어 보여줬다.

아홉 달 동안 나와 한몸이었던 아기가 어떻게 생겼는지 얼른 보고 싶었다. 아침을 먹자마자 신생아실에 가기 위해 서둘렀다. 입엔 푸른 마스크를 썼고, 양팔엔 수액 주삿바늘이 하나씩 꽂혀 있었다. 제왕절개 직후라 가만히 있어도 아랫배가 쑤시고 욱신거렸지만 꾹 참았다. 간병인 아주머니의 부축을 받아 휠체어에 앉고, 엘리베이터를 타고 내려왔다.

"이미아 산모님 아기입니다. 무척 건강해요."

드디어 신생아실 창문 커튼이 열렸고, 간호사 품에 안긴 내 아기가 보였다. 아직 눈은 뜨지 못했지만 이목구비가 꽤 또렷한

편이었고, 피부는 붉었다. 예정일보다 한 달 일찍 태어났지만 3.2킬로그램의 정상 체중이어서 인큐베이터는 면했다.

나는 창문에 손가락을 대며 말했다.

"현준아, 반가워. 내가 엄마야. 엄마가 이렇게 생겨서 미안해. 건강하게 태어나줘서 정말 고마워."

아기를 내 품에 안고 젖도 물려보고 싶었다. 그러나 할 수 없었다. 항암제로 찌든 내 몸에서 모유가 나올 리 없었고, 설사 나온다 한들 그 모유를 먹일 수는 없기 때문이다.

신생아실 면회는 하루 두 번 할 수 있었고, 시간은 1분 내외였다. 1분은 너무나 짧기만 했다. 아기를 보고 병실로 올라가는 길은 참 서글펐다.

둘째를 낳은 지 열흘째에 퇴원했다. 꼬박 5주 만에 병원 밖 세상을 다시 보니 마치 감옥에서 나온 듯한 기분이었다.

집으로 돌아오자 세 살배기 큰아이가 내 품에 꼭 안기며 반가워했다. 그리고 태어난 지 얼마 안 된 동생을 매우 신기해하며 아기의 이곳저곳을 만져보려고 했다.

"엄마, 이제 아야 안 하는 거지? 나랑 같이 노는 거지?"라며 방방 뛰는 딸을 보며 나는 속울음을 삼켰다.

출산 전 의료진의 염려와는 달리 수술 부위는 다행히 잘 아물고 있었다. 혈액 수치도 위급 상황까지 갈 정도로 떨어지진 않았다. 아들은 시어머니와 산후도우미의 보살핌을 받으며 하루하루 무럭무럭 자라났다. 내가 암 환자만 아니었다면 너무나 행복했을 시간이었다.

2010년 12월 26일, 4차 항암치료를 받았다. 아이를 낳은 지 한 달도 채 되지 않았을 때였다. 부작용을 피할 수 없었다. 항암제를 맞다가 이가 시리도록 온몸에 오한이 오고, 저혈압 쇼크가 와서 몇 초 동안 기절했다.

정신이 반쯤 나간 상태로 집에 왔다. 그날 저녁엔 함박눈이 내렸다. 큰딸은 "엄마, 눈 온다! 눈 온다!"라고 환호성을 지르며 나를 창가로 잡아끌었다.

"엄마, 나랑 눈싸움 하자."

"안 돼…. 엄마는 밖에 못 나가."

"왜 못 나가?"

"오늘은 깜깜한 밤이 됐잖아."

"그럼 아침 되면 나갈 수 있잖아? 놀아, 놀아!"

"안 돼! 엄마는 날씨가 이렇게 춥고 눈 내리는 날엔 나갈 수가 없단 말이야! 너도 감기 걸릴지 모르잖아! 자꾸 까불래?"

급기야 큰소리를 내고 말았다. 딸은 나를 한 번 딱 째려보더니 더는 말을 걸지 않았다. 화가 많이 났을 때 항상 하는 버릇이었다.

그날 밤, 나는 생각했다. 이젠 말해야 할 때가 왔다고.

딸에게 언제까지 숨길 수는 없었다. 엄마의 풍성하던 머리숱이 왜 갑자기 몽땅 없어졌는지, 엄마가 왜 수시로 병원에 가고, 때로는 몇 주 동안 집에 들어오지 못하는지 알려줘야 했다.

"현진아, 아까 엄마가 소리 질러서 미안해."

"엄마 미워!"

"현진아, 엄마가 잘못했으니까 엄마 옆에 와서 누워봐."

큰딸은 못 이기는 척 내 옆에 와서 누웠다. 나는 아이에게 팔베개를 해주며 말을 꺼냈다.

"엄마가 말이야, 현진이한테 해줄 이야기가 있어."

"뭔데?"

"현진이가 지난번에 엄마한테 물어봤지? '시계탕 병원(딸은 서울대학교병원에 있는 시계탑을 보고 '시계탕'이라고 발음했다)'에 왜 그렇게 많이 가냐고."

"응."

"'응'이 아니고, '네'라고 해야지."

"네."

나는 정말 하고 싶지 않았던, 아이에게 하게 될 줄은 꿈에도 몰랐던 말을 해야 했다.

"엄마가 많이 아파. 엄마가 밖에 못 나가는 것도, 너랑 현준이랑 잘 못 놀아주는 것도 엄마가 아파서 그래."

"엄마, 왜 아파?"

"엄마 몸에 엄청 큰 병균이 들어왔어. 이름이 암이래."

"그럼 이~따만 한 주사 맞으면 낫는 거 아니야?"

"응. 그런데 말이지, 그런 주사를 엄마가 아주 오랫동안 맞아야 한대. 그래야 다시 건강해져서 우리 현진이랑 현준이랑 재미나게 놀 수 있대."

딸은 갑자기 내 옷소매를 걷어 올리고, 내 팔에 있는 멍과 바늘자국들을 마구 만졌다. 한참을 들여다보더니 내 얼굴을 보면서 물었다.

"엄마가 아파서 팔도 아야야 하는 거야?"

"응. 그래도 걱정하지 마. 엄마는 꼭 나을 수 있어. 현진이가 있으니까 엄마는 걱정 안 해."

"…알았어요."

딸은 베개를 끌어안고 제 할머니 방으로 가서 잠들었다. 딸은 울지 않았다. 그렇지만 나는 알고 있었다. 아이가 내 눈치를 보기 때문에 울지 않는다는 것을. 내가 정말 나쁜 엄마가 된 것 같았다.

다음 날 아침, 딸은 병원놀이 세트 중에서 주사기 장난감을 내게 가져왔다.

"엄마, 주사 맞으면 아픈 거 다 없어진대. 현진이가 놓는 주사니까 엄마 싹 나을 거야."

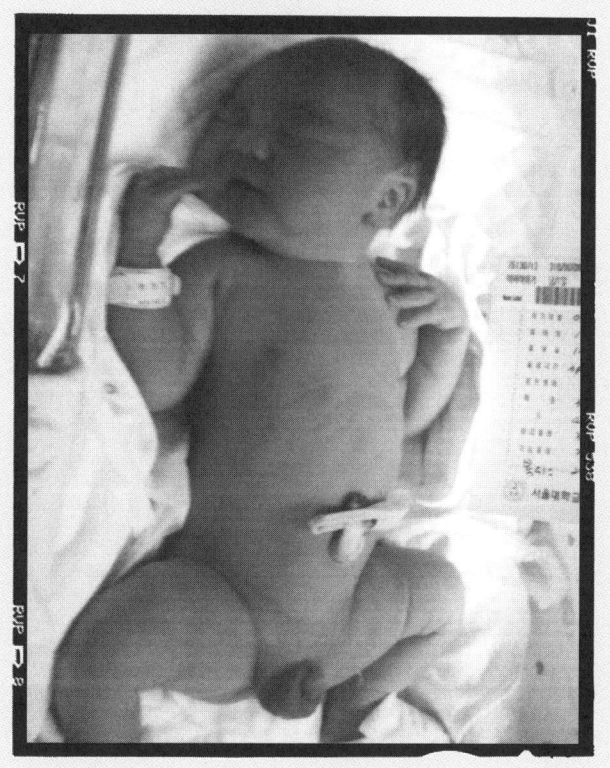

내 아기가 보였다. 아직 눈은 뜨지 못했지만 이목구비가 꽤 또렷한 편이었고, 피부는 붉었다. 예정일보다 한 달 일찍 태어났지만 3.2킬로그램의 정상 체중이어서 인큐베이터는 면했다.
나는 창문에 손가락을 대며 말했다.
"현준아, 반가워. 내가 엄마야. 엄마가 이렇게 생겨서 미안해. 건강하게 태어나줘서 정말 고마워."

"현진아, 고마워…."

"현진이는 이~만큼 크면 의사 선생님 될 거야. 그래서 엄마 안 아프게 해줄 거야."

큰애는 그렇게 말하면서 주사기 장난감으로 내 몸 여기저기를 찔렀다. "주사 많이 맞아야 빨리 낫는 거야"라고 말하면서. 나는 딸을 꼭 끌어안았다.

그날도 빨간 피를 수혈하고 백혈구 촉진제를 투여받기 위해 또 병원에 가야 했다. 큰딸에게 "현진아, 엄마 병원 갔다 올게"라고 말했다. 아이는 뾰로통한 표정을 지으며 "빨리 갔다 와!"라고 소리친 뒤 소파 뒤로 숨어버렸다.

나는 현관에서 딸을 향해 큰 소리로 말했다.
"엄마가 병원 갔다 올 때 뭐 사다 줄까?"
숨어 있던 딸은 고개를 살짝 내밀더니 말했다.
"쪼꼬렛 사주세요. '시계탑 병원'에서 크림빵 사다 주세요."
아이는 다시 웃고 있었다.

엄마, 또 병원 가는 거야?

시간은 흐르고 흘러 2011년 3월이 됐다. 3월 10일은 둘째 아이 백일이다. 고생해서 낳은 아들이 하루가 다르게 토실토실 크는 모습을 보며 하늘에 감사했다.

아들 백일 일주일 전인 3일 밤, 몸 상태가 갑자기 이상해졌다. 열이 39도까지 오르고 기침이 심하게 났다. 마침 다음 날 정기 진료가 예약돼 있었다.

나는 밤새 앓다가 아침 일찍 병원으로 향했다. 백혈구 수치가 200밖에 되지 않았다. 최소한 1,000 이상은 되어야 가벼운 외부 활동을 할 수 있었다.

"지금 이 정도 수치면 빨리 입원해야 합니다. 입원하셔서 감기 증세에 맞는 항생제를 맞아야 하고, 백혈구 촉진제도 맞으셔야 해요. 안 그러면 위험합니다."

"선생님, 엿새 후면 우리 둘째 백일이에요. 그냥 통원치료하면 안 될까요?"

"지금 이 수치로는 안 됩니다. 이러다가 감염이라도 되면 정말 큰일 납니다. 이미아 님 마음은 알지만, 어쩔 수 없어요."

"퇴원은 언제쯤 할 수 있을까요?"

"경과를 봐야 하겠지만 일주일에서 열흘 정도 걸릴 겁니다."

그 말을 듣자마자 나는 "야, 이 나쁜 놈들아!"라고 악을 쓰며 핸드백을 바닥에 집어던졌다. 곁에 있던 의사와 간호사들 모두 무척 놀랐다. 내가 병원에서 그렇게 행동한 적이 한 번도 없었기 때문이다.

"내 아들 백일이란 말입니다! 항암제 맞아가며 낳은 내 아들이 백일이 돼요! 엄마가 아이 백일도 챙겨주지 못하고 병원에 있어야 한다는 건가요? 예? 내가 뭘 잘못했기에 나한테 이러는 거야!"

나는 정신없이 소리치며 입원하지 못하겠다고 화를 냈다.

하지만 방법이 없었다. 둘러선 의사와 간호사들도, 소리를 질러댄 나조차도 그걸 알고 있었다. 결국 나는 진이 빠져 망연자실한 채 그 자리에 주저앉고 말았다.

짐을 싸러 집에 잠시 들렀다. 딸은 "엄마"라고 외치며 달려와 품에 안겼고, 아들도 나를 보고 방긋 웃었다. 그렇지만 커다란 가방에 속옷과 세면도구, 소독제 등을 챙기는 날 보며 아이들의 얼굴에선 웃음기가 사라졌다. 큰애는 굳어버린 표정으로 "엄마 또 병원 가는 거야?"라고 물었다. 둘째도 뭔가 분위기가 심상치 않는지 나를 물끄러미 올려다봤다.

"응, 엄마 병원 가는 거야. 며칠 동안만 있을 거야."

"몇 밤 자고 올 건데?"

"응, 다섯 밤 정도?"

"싫어!"

딸은 또 소파 뒤로 숨어버렸다.

나는 아기 침대에 누워 있던 아들을 안고 "엄마 금방 갔다 올 게"라고 속삭였다. 내 눈에선 눈물이 흘러 아들의 내의를 적셨다. 아들은 그런 나를 이상하다는 표정으로 바라봤다.

아이들을 뒤로하며 현관으로 향했다. 아이들 앞에서 우는 모습을 보여주고 싶지 않았기에 일부러 뒤돌아보지 않았다.

현관문을 열고 싶지 않았지만 열어야 했다. 가고 싶지 않았지만 가야 했다. 병실을 얻으려면 시간을 지체할 수 없었다. 서둘러야 했다. 그래야 나을 수 있으니까. 쓴 약을 삼키듯 눈 딱 감고 문을 열었다.

병원에 와서 짐을 풀고 환자복을 입었다. 항암치료를 시작한 뒤 밥 먹듯이 해온 일이라 이젠 누가 도와주지 않아도 그냥 알아서 했다. 거동이 불편한 정도는 아니었으므로 간병인을 부를 필요가 없었다.

침대에 누워 백혈구 촉진제를 맞으면서, 스마트폰에 저장돼 있는 아이들의 사진을 봤다. 병실에 오는 간호사들에게 아이들 사진을 보여주며 자랑했다. 간호사들은 특히 둘째에게 관심을 많이 보였다. 항암치료를 받는 엄마에게서 아이가 태어난다는 게 흔한 일은 아니니까.

사진을 바라보며 중얼거렸다.

"현진아, 현준아. 아픈 건 엄마 하나면 충분해. 너희가 아프지 않아서 좋아. 엄마는 너희한테 다른 거 하나도 바라지 않아. 엄마 아픈 것만 안 닮으면 돼."

그때 불현듯 시 한 구절이 머릿속을 스치고 지나갔다.

'유원해아우차노, 무재무난도공경.'

자신의 아이에게 바보같이 자라달라고, 아무 탈 없이만 지내달라고 부탁하는 어느 불운한 아비의 한마디 말이다. 바로 중국 북송(北宋)시대의 대문호 소동파(1036~1101년)가 아들을 위해 지은 〈세아희작〉이라는 작품에 나오는 구절이다.

소동파의 본명은 소식(蘇軾)이며, 동파는 그의 호다. 사천성(四川省, 쓰촨성) 출신인 그는 아버지 소순, 동생 소철과 함께 나란히 당송 8대가(당나라의 한유 · 유종원, 송나라의 구양수 · 소순 · 소식 · 소철 · 증공 · 왕안석)에 이름이 오른 명망 높은 문장가였다. 또한 백성들로부터 사랑을 듬뿍 받은 유능한 관료이기도 했다. 서예와 그림, 요리에도 조예가 깊었다.

그러나 소동파는 왕안석이 추진한 국가 개혁안인 신법(新法) 추진을 둘러싸고 구법당(舊法黨)과 신법당(新法黨)의 파벌싸움이 일어나자 거기 휘말려 파란만장한 삶을 살았다. 더욱이 규율에 얽매이기 싫어하는 데다 강직하고 말 많은 성격이었기에 그의 관직생활은 꼬일 대로 꼬였다.

신법에 반대했던 소동파는 신법을 한창 밀고 나가던 황제 신종의 눈 밖에 났다. 그래서 중앙정부에서 일하지 못하고 절강성(浙江省, 저장성)과 산동성(山東省, 산둥성), 강소성(江蘇省, 장쑤성) 등 변두리 지역을 전전하며 지방관에 머물렀다.

특히 마흔네 살 땐 필화(筆禍) 사건을 당하기도 했다. 백성의 고난과 탐관오리의 행태를 사실적으로 묘사한 시들을 두고 반대파가 "황제를 능멸했다"며 공격한 것이다. 소동파는 이 일로 하남성(河南省, 허난성)의 수도였던 개봉(開封, 카이펑)으로 압송됐다. 그곳에서 사형 직전까지 갔다가 구사일생으로 살아났지만, 중국 남쪽 호북성(湖北省, 후베이성), 황주(黃州, 황저우)로 유배됐다.

정쟁의 파도에 휩쓸려 한곳에서 3년 이상 머물지 못하는 떠돌이 생활을 해야 했던 소동파는 결국 예순 살에 중국 최남단의 섬 해남도(海南島, 하이난다오)로 귀양 갔다. 아열대 기후의 해남도는 말만 송나라 영토지 실제로는 이민족의 땅이었다. 사실상 해외 오지로 추방된 것이나 다름없었다.

철종의 뒤를 이어 휘종이 황제가 되자 소동파는 비로소 사면됐다. 하지만 해남도에서 개봉으로 돌아오는 도중 병이 나서 결국 강소성 상주(常州, 창저우)에서 65세를 일기로 세상을 떴다. 그야말로 롤러코스터처럼 굴곡진 인생이었다.

〈세아희작〉은 소동파가 마흔여덟 살 때 얻은 넷째 아들의 세아회(洗兒會) 날에 쓴 시로 '세아회 날 장난삼아 시를 쓰다'라는 뜻이다. 송나라 땐 아이가 태어난 지 사흘째 되는 날 손님들을 초대한 자리에서 아이를 씻기며 복을 비는 풍습이 있었는데, 이를 세아회라고 했다.

늦둥이 아들에게 소동파가 시를 통해 당부한 건 "총명해지지 말고 그저 건강하게만 살라"는 것이다. 그의 복잡한 인생사를 떠올려보면 아이에게 왜 그런 말을 했는지 짐작할 수 있다. 아들의 인생길이 자신의 운명을 닮지 않길 바라는 아비의 심정이 녹아든 것이다.

그렇지만 소동파는 마지막 구절을 통해 현실에 대한 해학적 풍자를 잊지 않는다. '바보같이 자라서 높은 벼슬에 오르라'는 말은 곧 '조정 대신들은 다 멍청하다'는 뜻이기 때문이다. 짧은 시 한 수에 소동파는 아들을 향한 사랑과 자신이 처한 상황에 대한 비애 그리고 삶의 고난을 대범하게 받아넘기는 호탕함을 모두 담아냈다.

나는 〈세아희작〉을 떠올리며 빙그레 미소 지었다. 그리고 다짐했다.

"그래, 우리 아이들에게 조기교육이란 건 없어."

그 생각은 곧 실천으로 옮겨졌다. 나는 "누구누구네 집 애는 세 살인데 벌써 영어를 한대", "누구누구네 집 애는 네 살인데 한글을 뗐대"라는 말에 귀를 닫았다. 아이가 그림책을 거꾸로 들고 읽어도 상관하지 않았다. 학습지 공부나 놀이도구 교육도 시키지 않았다. 그냥 함께 놀고 또 놀았다.

그래도 아이들이 뭔가 잘못을 했을 땐 따끔하게 꾸중했다. 둘째를 혼낼 때도 아팠을 때 낳은 아이라고 해서 더 봐주거나 하지 않았다. 큰애와 똑같이 대했다.

아무리 내가 암 환자라고 해도 엄마로서 아프고 약한 모습을 보여주고 싶진 않았다. 엄마가 아파서 괴로워한다는 것을 아이들이 조금이라도 덜 의식하게 해주고 싶었다. 아이들에게 나는 엄마이지 환자는 아니기 때문이다. 그렇기에 아이들 앞에서만큼은 엄마라는 역할에 충실하고자 노력했다. 아이들이 내가 가진 마음의 상처를 의식하고 눈치를 본다는 건 너무나 미안한 일이니까.

괜찮아, 너희가 건강하니까

2011년 4월 말. 네 살이 된 큰딸을 데리고 집 앞 어린이집에 갔다. 입학 상담을 하기 위해서였다.

어린이집 원장은 우리를 반갑게 맞이했다. 딸은 원장에게 나붓이 인사하고, 어린이집 내부 여기저기를 구경했다.

"선생님, 저희 딸을 여기에 입학시키고 싶습니다. 지금 가능할까요?"

"요새 현진이 또래 입학 대기 아동이 꽤 많습니다. 일고여덟 명 정도는 됩니다. 자리가 빌 때까지 조금 기다리셔야 할 것 같네요."

나는 원장에게 '비장의 무기'를 내밀었다. 모자를 벗었다. 내 민머리를 본 원장은 상당히 놀란 모습이었다.

"원장 선생님, 실은 제가 항암치료를 받고 있어요. 혹시 자리가 난다면 꼭 좀 저희 현진이가 입학할 수 있도록 부탁드립니다."

그로부터 한 달 넘게 지난 2011년 5월 30일, 큰딸은 어린이집에 입학했다. 어린이집 가방과 원복을 받은 아이는 뛸 듯이 기뻐했다. 자기 딴에는 가방 메고 엄마나 할머니 손을 잡고 어린이집에 가는 아이들 모습이 부러웠던 모양이다.

내가 어린이집 교사에게 부탁한 것은 단 하나였다.

"저희 아이가 친구들과 잘 사귀고 맘껏 놀 수 있게 해주세요. 한글이나 영어는 별로 중요치 않아요."

처음엔 말수가 적었다던 큰딸은 입학 후 석 달쯤 되자 자기 반에서 제일 목소리 큰 아이가 됐다. 점심을 먹을 때도 웬만한 남자아이들보다 많이 먹고, 편식도 덜 한다며 교사한테 칭찬도 받았다.

큰애는 어린이집에서 어떤 노래나 단어를 배워 올 때면 꼭 내게 "엄마, 이거 알아?"라고 물어봤다. 나는 짐짓 모르는 척 "엄마는 모르겠는데? 현진이가 알려주면 엄마도 알 것 같아"라고 말했다. 아이는 "엄마는 바보야. 내가 가르쳐줄게"라며 낮 동안 어울려 놀며 배운 것들을 신 나게 이야기했다.

큰딸이 어린이집에 다니기 시작하면서 나는 둘째와 함께하는 시간이 늘어났다. 비록 항암치료 중이라 기운이 떨어져 제대로 놀아주지는 못했지만, 곁에 있다는 것만으로도 뿌듯했다. 둘째는 사내아이라서 그런지 자동차나 공 같은 '굴러가는 물건'을 참 좋아했다. 남편과 아들이 나란히 앉아 TV 속 자동차를 뚫어져라 쳐다보는 모습을 보면 나도 모르게 웃음이 났다. 애나 어른이나 남자는 '굴러가는 물건'이라면 사족을 못 썼다.

속정이 깊지만 약간 새침한 구석이 있는 큰애와 달리 둘째는 감정이 풍부하고 웃음과 애교가 많았다. 아들이 눈웃음을 날리며 내게 뽀뽀하는 순간만큼은 내가 암 환자라는 사실조차 잊곤 했다. 암이 일상의 모든 사소한 일, 심지어 내 작은 동작까지 지배하고 있었음에도 말이다.

그렇지만 그 풍부한 감정은 분노를 표출하거나 떼를 쓸 때도 그대로 나타났다. 둘째 아이는 화가 나면 바닥에 누워 데굴데굴 구르거나 자기 머리를 바닥에 찧기도 했다. 아들을 키우는 이웃 엄마들은 내게 이구동성으로 조언했다.

"아들들이 원래 다 그래요. 그래도 현진이 엄마는 큰애가 딸이니까 나은 거죠. 형제면 아주 골치 아파요. 집안이 난장판이 되죠."

둘째 아이는 아토피성 피부여서 피부가 늘 건조했고, 밤만 되면 온몸을 긁어댔다. 시어머니께선 아이가 잠들 때까지 포대기에 업고 달래셨다. 그 모습을 볼 때마다 시어머니께 너무나 죄송했다. 하지만 내가 할 수 있는 게 별로 없었다. 내 몸 하나 건사하지 못하는 암 환자였으니까.

2011년 여름, 자가 조혈모세포 이식치료를 앞둔 나는 둘째를 데리고 동네 피부과를 찾아갔다. 그동안엔 늘 시어머니께서 혼자 데리고 다니셨지만, 그날은 내 컨디션이 좀 나아진 상태였기에 꼭 같이 가고 싶었다.

나는 피부과 의사에게 조심스럽게 물었다.

"제가 얘를 임신했을 때 항암치료를 받았습니다. 혹시 그것이 아이 피부에 영향을 주었을까요?"

의사는 별일 아니라는 듯 웃으며 말했다.

"아닙니다. 이건 항암제와는 전혀 상관없어요. 대부분 현준이 또래 아기들에게 나타나는 아토피성 피부염은 생후 24개월이 지나면 많이 좋아져요. 그러니 안심하셔도 됩니다."

피부과 진료를 마치고 나오면서 시어머니께서 말씀하셨다.

"사실 말이야, 나도 그게 궁금했는데 차마 물어보지 못했거든. 은근히 걱정됐는데 아무 상관이 없다니 얼마나 다행이냐."

나도 정말 다행이라 생각했다. 그래도 마음 한구석이 왠지 짠해졌다. 의사는 그렇게 말했지만 왠지 나 때문인 것 같다는 생각을 완전히 떨칠 수가 없었다.

2011년 12월 1일, 둘째가 첫돌을 맞았다.

나는 이식치료를 받은 지 100일이 채 되지 않았기 때문에 외출과 외식에 여전히 제한이 있었다. 그래서 출장 요리를 예약하고, 친정과 시댁 식구들을 집으로 초대했다. 돌상과 돌잡이 용품도 대여해서 남편이 직접 차렸다.

모처럼 온 집안이 떠들썩했다. 분홍색 한복을 곱게 차려입은 큰딸은 동생의 돌잔칫상 앞에서 "이쁘다, 이쁘다!"를 연발하며 자기 나름대로 손님맞이를 했다. 마치 자기가 주인공인 것처럼 좋아하는 딸을 보며 모두 박장대소했다.

정작 돌잔치의 주인공인 아들 녀석은 색동옷 입기를 귀찮아하며 버둥댔다. 그러더니 돌상 위에 놓인 돌잡이 용품과 과일들을 만지작거리며 던지려고 했다. 나와 남편은 아이를 잡으러 이리저리 쫓아다녔다.

둘째는 돌잡이로 붓을 집었다. 식구들은 그 모습을 보고 "엄마 아빠 닮아서 공부 잘하겠구먼! 공부가 제일이야!"라며 덕담을 주고받았다. 내 남동생은 이 화기애애한 돌잔치 풍경을 사진으로 찍었다.

돌잔치 사진 속 나는 아직도 대머리였다. 그래도 괜찮았다. 아이들이 건강하니까.

아이의 첫돌까지 버텨준 내 몸에게도 고마웠다. 솔직히 내 몸이 버텨주지 못하면 어떡하나 하고 두려웠기 때문이다. 물론 그런 공포감은 가족 중 누구에게도 말하지 못했다.

엄마니까 강해져야 했다

"곰 세 마리가 한 집에 있어. 아빠 곰, 엄마 곰, 애기 곰~"

큰딸이 어린이집에서 배운 〈곰 세 마리〉를 불렀다. 원래 가사는 '아빠 곰은 뚱뚱해, 엄마 곰은 날씬해'인데 우리 딸은 "아빠 곰은 뚱뚱해, 엄마 곰도 뚱뚱해"라고 불렀다.

"현진아, '엄마 곰은 날씬해' 잖아."

"아이 참 엄마, 엄마는 뚱뚱하잖아. 삼촌이 사준 바다표범 인형같이 생겼어. 머리는 둥글고 몸은 뚱뚱해."

딸은 신 나게 나를 놀렸다. 그러더니 불쑥 내 뱃살 위로 머리

2011년 12월 1일, 둘째가 첫돌을 맞았다.
나는 이식치료를 받은 지 100일이 채 되지 않았기 때문에 외출과 외식에 여전히 제한이 있었다. 그래서 출장 요리를 예약하고, 친정과 시댁 식구들을 집으로 초대했다. 돌상과 돌잡이 용품도 대여해서 남편이 직접 차렸다.

를 턱 기대며 말했다.

"난 말이야, 엄마 뱃살이 세상에서 제일 푹신푹신해."

부끄러웠다. 항암치료를 하면서 먹기는 많이 먹고 몸은 거의 움직이지 않아서 나는 고도비만이 돼 있었다. 애들 눈에 내 모습이 바다표범이나 뚱뚱한 곰처럼 보이는 게 당연했다.

"엄마가 살 꼭 빼서 예뻐질게. 약속!"

"엄마, 살 안 빼도 돼. 병원에 오래 있지만 마."

딸은 능청스러운 표정으로 가만히 말했다. 그러나 내 마음속에선 슬픔의 파도가 밀려들었다. 나는 딸과 새끼손가락을 걸고 약속했다. 병원에 오래 입원하지 않겠다고. 다신 오랫동안 떨어져 있지 않겠다고.

"휴우…. 이거 봐, 이거 봐. 현준아! 여기 과자 부스러기 다 떨어졌잖아!"

딸이 갓 걸음마를 떼기 시작한 동생에게 한숨을 푹 쉬면서 잔소리를 했다. 남편이 그런 딸을 보고 어이없어하며 말했다.

"현진아, 누가 그렇게 땅이 꺼지라 한숨을 쉰대?"

"엄마가 맨날 그러는걸?"

남편의 매서운 눈초리가 곧바로 내 쪽으로 날아왔다.

"도대체 애 앞에서 얼마나 한숨을 쉬었기에 애가 흉내를 내는 거야?"

뜨끔했다. '애들 앞에선 냉수 한 모금도 제대로 못 마신다' 는 어른들 말씀이 맞았다. 나는 아무 말도 못하고 그냥 "앞으로 조심할게"라고 했다.

큰애는 내 옆에 와서 더 큰 소리로 "휴우~!" 하고 한숨 쉬는 시늉을 한다. 마음 같아선 꿀밤을 한 대 먹이고 싶지만 참는다. 그래도 왠지 기쁘다.

아이들을 키우면서 15세 이상 관람가인 TV 드라마나 영화를 본 지가 언제였는지 기억도 잘 나지 않는다. 아이들은 〈뽀로로〉에 열광하고, 〈파워레인저〉를 보며 악당을 물리치는 배우들의 액션을 따라 한다. 〈꼬마버스 타요〉를 보며 버스를 태워달라고 조르고, 〈로보카 폴리〉를 보면서 경찰차 소리를 흉내 낸다. 아이들과 어울리려면 각종 만화 캐릭터와 줄거리, 주제가를 익혀야 한다. 정신연령도 그 나이에 맞춰야 이야기가 통한다. 그러다 보면 어느새 나도 아이가 되는 느낌이다.

가끔은 아이들을 잠시 잊고 조용한 카페에서 따뜻한 차라도 한잔하면서 독서에 빠져보고 싶다. 하지만 그건 그저 희망 사항일 뿐이다. 아직 내 치료도 제대로 끝내지 못한 마당에 그럴 시간적 여유도, 체력도 없다.

아이들은 내 인생의 보석이자 생활에 활력을 주는 비타민이다. 만일 내게 이 아이들이 없었다면 무슨 낙으로 투병생활을 이어갈 수 있었을지 궁금하다. 나는 병으로 아이들에게 먹구름을 안겼지만, 아이들은 오히려 그런 내게 햇살을 준다.

미안하고, 부끄럽고, 화도 난다. 그렇지만 죄책감에 사로잡히진 않으려고 노력한다. 엄마의 죄책감과 우울함은 아이들에게 쉽게 전염되기 때문이다. 내가 아프다고 해서 아이들에게까지 상처를 줄 수는 없다.

혼자가 아니기에, 어린 두 생명을 책임져야 하는 엄마이기에, 나는 오늘도 힘을 낸다. 내게 드리워진 암세포의 그림자를 걷어내기 위해.

언젠가는 둘째도 자신이 어떤 사연을 갖고 태어났는지 알게 될 것이다. 그리고 큰딸도 엄마가 앓았던 암이란 게 어떤 병인지 배우게 될 것이다. 내가 건강하게 살아남아서 아이들이 자라가는 모습을 쭉 함께할 수 있다면, 내가 겪었던 일을 아이들이 이해할 만한 나이가 됐을 때 자랑스럽게 이야기해주고 싶다. 어떤 어려움을 만났고, 어떻게 받아들이고, 어떻게 이겨냈는지.

나는 결코 완벽한 엄마가 될 수는 없다. 그리고 굳이 완벽한 엄마가 되려고 애쓰지도 않는다. 다만 세상을 살아가는 데 꼭 필요한 '마음의 면역력'은 아이들에게 물려줄 수 있을 것 같다. 그 힘을 주기 위해선 내가 먼저 강해져야 한다고 생각한다. 그 길이 쉽진 않겠지만, 그래도 걷고 또 걸을 것이다. 나는 엄마니까.

3장
엄마가 돼서야
엄마 마음을 알다

한 치밖에 안 되는 풀 한 포기가
따스한 봄볕의 은혜를 어찌 갚을 수 있을까.

誰言寸草心   수언촌초심
報得三春輝   보득삼춘휘

– 맹교의 〈유자음〉 중에서

엄마가 돼서야 엄마 마음을 알다

"세상에, 어떻게 저런 일이 있대? 저 사람 부모는 얼마나 어이 없을까?"

신문 사회면을 장식하는 갖가지 사연을 보며 너무나 쉽게 던졌던 말 한마디. 하지만 암에 걸린 후부터 난 이 말을 함부로 하지 못한다. 내가 바로 그런 '못난 사람'이 됐기 때문이다. 엄마와 아빠, 시어머니, 남편 그리고 내 딸과 아들 모두에게.

환자가 되기 전 나는 나름대로 부모님께 그럭저럭 괜찮은 딸이라고 생각했다. 별 말썽 없이 자라서 대학에 가고, 기자가 되고, 결혼해서 아이도 낳고…. 여느 사람들과 견주어볼 때 별로 부족한 것 없는 평탄한 나날을 보냈다.

친정집은 같은 아파트 단지 안에 있었고, 시어머니께선 맞벌이인 나와 남편을 위해 아이들을 봐주시러 우리 집에서 함께 살고 계셨다. 친정 부모님과 시어머니께선 자주 왕래하시면서 매우 가깝게 지내셨다. 가족 생일이나 명절 등 경조사가 있을 때면 다 같이 모였다. 겨울 김장도 함께 했다.

주위에선 그런 나를 무척 부러워했다. "넌 정말 복도 많다. 친정도 가깝지, 시어머니께서 애들 살뜰하게 봐주시지. 요즘 육아 도우미 구하기가 하늘의 별 따기인데 말이야. 양가 부모님도 사이가 좋으시니 속상할 일도 없을 거고."

엄마는 입버릇처럼 '내 딸은 내 분신이자 내 자존심'이라고 말씀하시곤 했다. 우리 부모님은 내 모든 걸 자랑스러워하셨다. 자식이 인생의 여러 단계를 하나씩 밟아가는 모습을 대견스럽게 바라보셨다.

그렇지만 암 판정을 받은 순간부터 나는 하루아침에 '집안의 근심덩어리'가 됐다. 식구들은 억지로 흥을 돋워 즐거운 모습을 보이려고 노력했지만, 온 집안에 드리워진 어두운 그림자를 걷어낼 수는 없었다.

내가 암 판정을 받고 난 후 엄마는 시어머니 손을 잡고 울면서 이렇게 말씀하셨다.

"죄송합니다. 제가 사돈 뵐 면목이 없습니다. 제 딸이 못난 탓에 집안에 이런 우환을 만들었습니다."

나는 고개를 들 수 없었다. 나의 암은 엄마의 귀중한 자존심을 짓밟았다. 시어머니의 가슴을 후벼 팠다. '부모보다 먼저 죽는 것만큼 큰 불효는 없다'는 말이 떠올랐다. 난 자칫 잘못하면 그런 불효를 저지를 수 있는 상황이었다.

딸이 림프종 환자가 됐다. 그러나 엄마와 아빠는 내 앞에서 큰 소리로 우신 적이 없었다. 오히려 투병 기간 내내 평정심을 유지하고자 노력하셨다.

엄마는 직장생활과 내 간호를 병행하시며 매우 힘들고 바쁜 하루를 보내셨다. "잘 먹어야 이겨낼 수 있다"고 강조하시며 내가 먹고 싶어하는 음식들을 열심히 갖다 주셨다. 항암치료나 정기 진료 때도 틈날 때마다 같이 가주셨다. 내가 입원해 있을 땐 거의 매일 오셔서 곁을 지켜주셨다.

하지만 엄마는 내게 "우리 딸 불쌍해서 어떡해"라는 말씀은 한 번도 안 하셨다. 그 대신 차갑다 싶을 정도로 차분하게 말씀하셨다.

"어서 나아서 네가 할 도리를 다해야지. 너는 꼭 나을 거다. 이 엄마는 믿는다. 내 딸이 그렇게 약해빠지지 않았다는 걸 말이다."

심장이 좋지 않으셨던 아빠는 내가 입원한 병실에 잘 오지 않으셨다. 서너 번 정도 잠깐 다녀가셨을 뿐이다. 특히 내가 무균병동에 있을 땐 한 번도 오지 않으셨다. 마스크를 써야 하고 슬리퍼도 병실 전용을 신고 분무 소독을 해야 하는 등 들어올 때 거쳐야 하는 복잡한 절차들이 싫다고 하셨다. 모처럼 병원에 오셨을 때도 가슴이 너무 답답하다며 금방 병실 밖으로 나가셨다. 아빠께 전화해서 병세에 대해 말씀드릴 때도 그저 "알았다"고만 대답하셨을 뿐이다.

솔직히 당시엔 부모님께 무척 서운했다. 너무 냉정하게 느껴졌기 때문이다. 괜히 혼자 우울한 감상에 빠지지 말자고 다짐했지만 그게 잘 안 됐다. 부모님을 붙들고 한없이 울고 싶었지만, 엄마와 아빠는 함께 우는 대신 조언을 해주셨다. 본분을 잊지 말아야 한다고, 절대 약해지면 안 된다고. 그때는 그 말이 정말 서러웠다.

부모님의 그런 모습이 타인보다 더 멀게 느껴지는 날도 있었다. '약해빠진 소리' 하기 싫어서 억지로라도 웃곤 했는데 그럴 땐 꼭 내가 광대 같았다. '고통받는 건 난데 왜 감정 노동까지 해야 하나'라는 생각도 들었다.

엄마가 되어서야 엄마 마음을 알다

2011년 여름 어느 날, 엄마와 함께 병원 정기 진료를 다녀오는 길이었다. 점심을 먹으러 엄마 회사 근처에 있는 식당에 들렀다.

점심을 먹으면서 무심코 모자에 손을 댔는데 엄마가 말씀하셨다.

"벗지 마. 사람들이 보면 뭐라고 하겠니? 행동 하나하나에 각별히 신경 써야 한다."

"그렇죠? 날씨가 너무 더워서 나도 모르게 손이 갔나 봐요."

난 밝게 대답했다. 나도 모르게 밀려드는 당혹함과 자괴감을 숨긴 채.

그날 밤 내 모자를 붙잡고 아무도 모르게 소리 없이 울었다. 엄마가 나를 부끄럽게 생각하시는 것 같았기 때문이다. 그렇지만 그 서러움을 차마 표현할 수도 없었다. 엄마는 그저 무심결에 말씀하셨을 뿐이라 생각하기로 했다. 엄마 마음을 더 다치게 하고 싶지 않았기 때문에.

난 부모님과 시어머님이 무서웠다. 집안 어른 중 누구도 내게 압박을 가한 적이 없는데도 그랬다.

'아무리 아파도 바른 모습을 유지해야 한다'는 강박적 심리가 컸다. '착한 암 환자'이고 싶었다. 누구에게도 폐를 끼치고 싶지 않았다. 하지만 이미 나와 내 병의 존재 자체가 가족에겐 폐가 되고 있었다.

난 나 자신이 견딜 수 없이 미웠다. 그런데 그 증오와 두려움을 털어놓을 데가 없었다. 나 스스로 마음을 닫고 있었기 때문이다. '이런 말을 하면 다들 마음 아파하겠지'란 생각으로 꽉 차 있었다. 난 웃음의 가면을 쓴 채 가족을 대했다. 하지만 그 가면은 날이 갈수록 견딜 수 없는 고통을 안겨주었다.

그리고 어느 날, 곪은 상처가 터지듯 나는 폭발하고 말았다. 서러움에 못 이겨 엄마를 향해 울면서 소리쳤다.

"진짜로 내 마음을 알아주는 식구는 하나도 없어요. 모두들 자기만 힘들다고 하잖아요. 저는 어떻게 해요? 진짜 아픈 저는 어떻게 하냐고요? 제가 얼마나 무서운지 알아요?"

엄마는 그 말을 듣고 더 크고 엄한 목소리로 대답하셨다.

"뭘 안다고 그렇게 함부로 말하니? 엄마 마음 알기나 하는 거니? 식구들이 병원 왔다 갔다 하는 게 넌 그렇게 당연해 보이니?"

"엄마, 한 번만 나 좀 안아주면 안 돼요? 나도 투정 좀 부리면 안 돼요?"

"너 나이가 몇 살인데? 누가 누구한테 투정을 부린다는 거야? 너 때문에 엄마랑 다른 식구들 힘든 건 전혀 눈에도 안 보이는 모양이구나."

"엄마, 너무하신 거 아니에요? 내가 식구들 힘든 거 몰라서 이러는 건 아니잖아요. 한 번쯤은 속상해할 수도 있잖아요. 난 그것도 못해요?"

"그럼, 엄마는 어떻게 해야 하는데? 넌 엄마가 무쇠 로봇으로 보이니? 딸이 이 꼴이 돼 있는데 엄마가 얼마나 더 버텨야 하는 거니?"

엄마는 눈물을 흘리시며 핸드백을 들고 병실 문을 쾅 닫고 나가셨다. 나는 주먹으로 가슴을 치며 악을 쓰고 울었다.

그땐 엄마가 한없이 원망스러웠다. 그저 밉게만 보였다. 내가 그렇게 말했을 때 "너를 이해한다"며 꼭 안아주셨으면 얼마나 좋았겠느냐는 한스러움만 남았을 뿐이다.

내 생각이 얼마나 어리석었는지 깨달은 건 항암치료 막바지에 접어들어서였다.

서울대학교병원 지하 1층엔 이발소가 있다. 주로 입원 환자들이 이용한다. 병원 밖 미용실들의 세련된 인테리어와는 조금 거리가 있는, 옛날식 분위기가 물씬 풍기는 그런 곳이다.

나는 머리카락이 살짝 자랄 때쯤이면 그냥 밀어버렸다. 어차피 항암제 맞고 나면 또다시 베개가 새카매지도록 빠져버리기 때문이다. 먼지처럼 흩날리는 머리카락을 보느니 대머리로 지내는 게 훨씬 나았다. 그렇지만 동네 미용실에 가서 머리를 밀어달라고 하기가 부끄러워서 병원 이발소를 자주 갔다.

서울대학교병원 지하 1층은 본관과 어린이 병동의 연결 통로이기도 하다. 그래서 가끔 어린 환자들과 마주칠 때가 있다. 팔이나 다리를 다쳐 깁스한 아이들도 보고, 휠체어에 앉아 있는 민머리의 소아암 환자들과 마주치기도 한다.

7차 항암치료가 끝난 지 얼마 되지 않았을 때다. 병원 이발소에 갔다가 복도에서 초등학생으로 보이는 남자아이를 봤다. 머리카락이 없는 것으로 보아 소아암 환자 같았다.

그 아이는 어머니가 밀어주는 휠체어에 힘없이 걸터앉아 있었다. 아이의 어머니는 그 아이에게 먹을 것을 계속 권하고 있었다. 아이는 말없이 고개만 흔들었다.

창백한 아이의 얼굴과 그 어머니를 보며 속으로 기도했다.

"하느님, 제 아이들 대신 제가 아파서 정말 다행입니다."

그런데 마음속 기도를 하고 난 뒤 눈물이 그치지 않았다. 그때까지 머리를 밀면서 한 번도 운 적이 없었는데 이상하게 자꾸만 울음이 터져 나왔다. 급기야는 이발소 아저씨가 어쩔 줄 몰라하며 말리실 정도로 대성통곡을 했다.

반성의 눈물이었다. 분노의 눈물이었다. 회한의 눈물이기도 했다. 집으로 돌아오는 택시 안에서 계속 중얼거렸다.

"엄마, 엄마…."

난 부모님께 정말 이기적이었다. 내 아이가 아프지 않아 다행이라는 기도를 하면서야 비로소 그 아픈 진실을 깨달았다.

나도 아이들의 엄마면서, 내 자식들에게 강해 보여야 한다고 그렇게 다짐했으면서 정작 내 부모님의 마음을 몰랐다. 딸 앞에서 무너지는 모습을 보이지 않으려고 얼마나 몸부림을 치셨을지, 내 뒤에서 얼마나 많은 눈물을 쏟으셨을지 그제야 상상할 수 있었다.

내가 나의 고통에만 집중하는 동안 부모님은 다른 가족 모두를 챙겨야 했고, 직장에도 나가셔야 했다. 엄마가 내게 그렇게 '본분'을 강조하신 이유도, 아빠가 병실에 잘 안 오셨던 까닭도 그제야 알았다. 병으로 죽을지도 모르는 자식의 불행 앞에 부모가 무너지면 더 큰 위험이 닥치리란 것을 엄마와 아빠는 알고 계셨던 것이다.

다신 불효하지 않을게요

부모님의 진심을 알게 된 후 내 마음의 눈길은 자연스레 또 한 분의 어머니, 시어머니께 향했다.

시어머니께선 내가 암에 걸리기 전부터 손녀를 돌봐주기 위해 우리 집에서 같이 살고 계셨다. 그 좋아하시던 산악회와 계모임도 모두 뒤로하고 오셨다. 맞벌이 부부인 남편과 나를 위해 큰 결단을 해주신 것이다.

내가 둘째를 낳은 뒤 시어머니께서는 집안일 하랴, 두 아이 돌보랴 정신없이 바쁜 나날을 보내셨다. 며느리가 암과 싸우느라 육아와 살림에 제대로 신경을 못 썼기 때문이다.

둘째가 생후 1개월이 지나면서 본격적으로 밤낮이 바뀌고 잠투정이 심해졌다. 그러자 시어머니께선 더욱 힘든 나날을 보내셔야 했다. 잠을 푹 주무실 수가 없어 피로를 제때 푸실 수가 없었다. 시어머니께서 "에고, 내 눈이 칠십 리는 푹 꺼진 것 같아. 손목도 예전 같지 않네"라고 하실 때마다 너무나 송구스러웠다.

시집온 지 4년밖에 안 된 둘째 며느리가 갑자기 암 환자가 돼 버렸으니 속이 터질 대로 터지셨으리라. 그런데도 어머니께선 "네가 우리 집 망쳤다", "팔자가 사나우니 그런 병에 걸렸다" 같은 말씀을 한 번도 하신 적이 없다. 눈물 한 방울도 흘리지 않으셨다.

"어머니, 정말 죄송해요. 저 때문에…"라고 말씀드릴 때마다 어머니께선 이렇게 대답하셨다.

"현진엄마야, 식구들끼리 그러는 거 아니다. 사람은 다 힘든 시기 겪게 마련이다. 넌 절대 죽지 않아. 기다리면 되는 거다."

내가 시어머니께 더욱 죄송했던 이유는 당신께선 이미 두 번이나 가족을 잃으신 경험이 있기 때문이다. 스물세 살에 시아버지와 결혼하신 시어머니께선 다섯 남매를 낳으셨다. 그런데 결혼 12년 만에 시아버지께서 갑자기 병으로 돌아가셨다. 겨우 서른다섯 살에 홀로되신 것이다. 시어머니께선 자식들을 키우기 위해 치열하게 살아오셨다. 재혼은 생각도 못했다고 하셨다. "애들 먹여 살릴 걱정에 남자 생각은 눈곱만큼도 안 나더라고. 팔자 고칠 생각이 조금이라도 있었다면 그렇게 살았을 리가 없지"라고 가끔 말씀하시곤 했다.

시어머니께선 농사일 품앗이, 장사 등으로 힘겹게 살림을 꾸리셨다. 이제 좀 살 만하다 싶었는데 열아홉 살 넷째가 사고로 죽었다. 남편과 넷째를 가슴에 묻고 살아가는데 며느리까지 덜컥 병자가 됐으니 그 마음이 오죽하셨을까.

내가 암에 걸렸다는 사실을 알렸을 때 시어머니께선 말씀하셨다.

"아가, 나는 넷째가 저세상 간 뒤로 눈물이 말라버렸다. 눈물을 흘릴 새도 없었고, 웬만한 일로는 눈물도 안 나더라. 그러니 내가 울지 않는다 해도 너무 서운해하지 말고 건강하게 나아야 한다."

내가 사랑하는 남자를 낳아주신 시어머니 가슴에 또다시 생채기를 내고 싶지 않았다. 나를 대신해 남편과 아이들을 챙기시는 시어머니께 약한 모습을 보일 수가 없었다.

그리고 내 가슴속엔 또 한 분의 '엄마'가 계시다. 바로 외할

아이들은 내 인생의 보석이자 생활에 활력을 주는 비타민이다. 만일 내게 이 아이들이 없었다면 무슨 낙으로 투병생활을 이어갈 수 있었을지 궁금하다. 나는 병으로 아이들에게 먹구름을 안겼지만, 아이들은 오히려 그런 내게 햇살을 준다.

미안하고, 부끄럽고, 화도 난다. 그렇지만 죄책감에 사로잡히진 않으려고 노력한다. 엄마의 죄책감과 우울함은 아이들에게 쉽게 전염되기 때문이다. 내가 아프다고 해서 아이들에게까지 상처를 줄 수는 없다.

머니다. 맞벌이 때문에 항상 바쁘셨던 엄마를 대신해 나와 내 남동생을 키워주신 분이다.

외할머니는 한국전쟁이 발발했을 당시 황해도에서 피난 오신 실향민이다. 남편을 일찍 잃고 무남독녀를 키우며 힘들게 사셨다. 그래선지 당신의 손녀와 손자를 끔찍이도 아끼셨다.

외할머니께선 내가 초등학교 2학년이 될 때까지 걸어서 30분 넘게 걸리는 학교엘 매일 데려다주셨다. 등굣길이 위험할 수도 있다는 생각이셨다. 내가 고등학생이 된 후엔 날마다 새벽 다섯 시에 일어나 도시락을 싸주셨다. 대학에 합격했을 땐 누구보다도 기뻐하셨고, 내가 신문사 기자가 됐을 때도 무척 자랑스러워하셨다.

그리고 내가 결혼하기 전 남편을 처음 집에 소개했을 때도 "어디서 머리 노랗게 염색한 이상한 놈 데려오진 않을까 걱정했는데, 이렇게 훤칠하고 잘생긴 녀석을 데려왔구나"라며 남편을 매우 귀여워하셨다. "미아 결혼이 너무 이른 것 아닐까요?"라는 우리 부모님의 고민에 "결혼은 빨리할수록 좋은 거다. 좋은 짝이 있을 때 시켜야 한다"며 설득하신 분도 외할머니셨다.

내가 첫 증손녀를 안겨드렸을 때는 손을 살짝 떠시면서 "아이고, 이 물 같이 약하고 어린 것을 안으려니 손이 굳는 기분이네"라며 기쁨을 감추지 못하셨다. 자궁내막암 수술을 받아 몸이 지칠 대로 지치신 중에도 외할머니께선 증손녀 백일잔치에 직접 오셔서 축하해주셨다.

외할머니께선 내가 암에 걸렸다는 걸 알기 1년 전에 돌아가셨다. 나는 차라리 다행이라는 생각도 했다. 만약 외할머니께서 살아 계셨을 때 손녀가 임신한 채 암에 걸렸음을 아셨다면 그 충격은 상상할 수 없을 만큼 어마어마했을 테니까.

조혈모세포 이식치료가 다 끝나고 밖에 외출할 수 있을 정도로 몸이 회복되기 시작한 2012년 봄, 가족과 함께 경기도 파주에 있는 외할머니 묘소에 갔다.

울지 않겠다고 몇 번이나 다짐했지만 터져 나오는 눈물 줄기를 멈출 수가 없었다. 죄송하다고, 죄송하다고 수없이 되뇌며 기도했다. 다시는 이런 불효를 저지르지 않겠다고 빌었다. 암에 걸린 게 비록 내가 잘못해서가 아니라 할지라도 결과적으로 모두에게 지울 수 없는 상처를 남겼으니까. 그리고 그 모습을 외할머니께서도 하늘에서 보고 우셨으리라 생각했기 때문이다.

자식은 존재만으로도 소중하다

'촌초춘휘(寸草春暉)', '풀 한 포기와 봄날의 햇볕'이란 뜻의

사자성어다. 자식을 향한 가없는 사랑을 표현할 때 쓰는 이 말은 중국 당나라 시인 맹교(751~814년)의 〈유자음〉이란 시에서 나왔다. '유자음'은 '길 떠나는 아들의 노래' 라는 뜻이다.

이 시가 떠오른 이유는 맹교의 당시 처지와 내 모습이 참 많이 닮아 보였기 때문이다. 부모님께 죄인 같은 자식이라는 점에서 말이다.

중국 남방 절강성(浙江省, 저장성) 출신인 맹교는 어려서 부친을 잃고 홀어머니 밑에서 자랐다. 집안도 매우 가난했다.

맹교는 천재적인 문인이었다. 하지만 안타깝게도 그 능력을 알아주는 이가 많지 않았다. 동시대 최고의 문학가였던 한유, 장적 등과 교유하면서 시인으로서 재능을 펼쳤지만 관료를 뽑는 시험에선 힘을 쓰지 못했다. 지금으로 말하자면 학식은 뛰어난데 취직을 못한 '고등룸펜'인 셈이었다.

맹교는 지독히도 관운이 없었다. 과거 시험에 수차례 응시했지만 번번이 떨어졌다. 오죽하면 〈낙제〉(落第)라는 시까지 썼을까. 그는 이 시에서 자신의 신세를 이렇게 한탄한다.

새벽달은 빛을 내기 어렵고
근심 가득한 사람은 마음이 힘들구나.
봄에 만물이 흥성하다고 누가 말했던가.

나는 홀로 꽃 위에 내린 찬 서리를 보네.
커다란 물수리는 힘을 잃어 병들었고,
조그만 뱁새가 날개 빌려 훨훨 나는구나.
버려졌는데 또 내쳐지니
마음이 칼로 베인 것 같다네.

맹교는 나이 마흔여섯에 이르러서야 비로소 과거에 급제하고 쉰 살에 한양위라는 하급 벼슬자리를 얻었다. 그러나 그마저도 얼마 안 돼 그만두고 빈곤하게 살다가 결국 슬하에 자녀 하나 없이 63세에 세상을 떠났다. 지금으로 말하자면 '못난 자식'의 전형인 셈이다. 출세는커녕 돈벌이도 제대로 못하고, 대를 잇지도 못했으니까.

하지만 〈유자음〉을 보면 맹교의 어머니가 그를 얼마나 아꼈는지 간접적으로 느낄 수 있다. 나이 오십에 벼슬길에 오르고 타향으로 발령받아 떠나는 아들을 위해 어머니는 열심히 새 옷을 짓는다. 먼 길을 떠나는 아들에게 혹시나 무슨 일이라도 생길까 두려운 마음에 더욱 꼼꼼하게 바느질에 매달린다.

맹교의 어머니에게 아들은 그저 자식이기에 소중한 존재다. 뭇 사람들이 자기 아들을 두고 뭐라고 말하든 상관없이 그녀는 아들에 대한 믿음을 버리지 않는다. 그리고 아들을 자랑스러워

한다.

 아들은 알고 있다. 어머니 입장에서 어쩌면 자신은 몽둥이로 두드려 패고 싶은 못난이일 수도 있다는 것을. 그래도 어머니는 지천명(知天命)의 나이에 이립(而立)에 나선 아들을 말없이 품에 안는다. 그리고 그 포근한 마음을 바늘과 실에 담아 아들에게 입힐 옷을 정성스레 만든다. 아들이 태어나기 전 배냇저고리를 꿰맸을 그때처럼.

 맹교는 스스로를 작디작은 풀 한 포기로, 어머니를 석 달 봄날의 따스한 햇볕으로 비유한다. 풀은 햇볕 없인 살 수 없다. 또한 아무리 애를 써본들 저 높은 하늘의 해와는 비교조차 할 수 없는 존재다.

 맹교는 시를 통해 어머니를 영원히 따스한 모성애의 표상으로 남겼다. 그것이 자신의 어머니께 드릴 수 있는 최고의 선물이었을 것이다.

 나는 병실에서 맹교의 〈유자음〉을 베껴 쓰며 울고 또 울었다. 내겐 부모님의 마음을 유려한 문체로 표현할 능력도 없었다. 그저 목숨이라도 부지해서 부모님께 뭔가를 해드리고 싶었다. 건강히 다시 살아나서 친정 부모님과 시어머니를 모시고 경치 좋은 곳에 여행이라도 가고 싶었다. 돈도 두둑하게 챙겨드리고 싶었다. 멋진 딸이고, 며느리이고 싶었다. 하지만 현실은 내 마음과 딴판이었다. 나는 여전히 초라한 암 환자일 뿐이었다.

내가 항암치료를 할 때 엄마와 시어머니는 서로 더욱 의지하셨다. 엄마는 시간이 날 때마다 시어머니께 맛있는 식당을 소개하기도 하고, 같이 서울 시내 구경도 다니셨다.

입원해 있는 동안 내 면역 수치가 외출이 가능할 정도로 회복될 때면 엄마와 시어머니께선 두 아이를 데리고 함께 병동을 찾으셨다. 몇 주 만에 한 번씩 볼 때마다 아이들은 훌쩍 자라 있었다. 키가 더 컸고, 말도 더 잘했고, 장난도 더 많이 쳤다.

내가 아이들 자라는 모습을 흐뭇하게 바라보듯, 엄마도 내가 성장하는 과정 하나하나를 세심하게 지켜보며 웃고 우셨을 것이다. 잘못된 건 바로잡아주고, 응원할 건 열심히 응원해주면서 '엄마'란 이름을 지키기 위해 노력하셨을 것이다.

내가 아이들을 그저 '내 아이'이기에 사랑하듯이, 엄마도 나를 당신의 딸이기에 사랑하셨을 것이다. '내 배'를 통해 세상에 존재하게 됐다는 이유 하나만으로. 엄마에게 자식은 그것만으로도 소중하다. 그랬기에 엄마는 딸이 죽음의 문턱까지 갔어도, 사회생활을 제대로 해내지 못한 채 젊은 나이에 병으로 튕겨 나왔을 때도 꿋꿋하실 수 있었을 것이다. 그 마음을 나는 엄마가 된 뒤에야 알게 됐다.

아마 내가 결혼하지 않았거나 아이가 없는 상태에서 병에 걸렸다면 끝까지 깨닫지 못했을 수도 있다. 자식은 부모에게 한없이 이기적이기 때문에. 부모는 무조건 모든 걸 주는 게 당연하다 여겼을 것이기 때문에.

엄마와 시어머니께서 아이들을 데리고 집으로 가실 때면 난 한참 동안 그 뒷모습을 바라봤다. 뭐라 말할 수 없는 복잡한 심정이었다. 딸로서 느끼는 슬픔과 며느리로서 느끼는 부끄러움, 엄마로서 느끼는 미안함…. 말로 표현하지 못할 갖가지 마음이 한꺼번에 밀려들었다. 그저 눈물만 흐를 뿐이었다.

좋은 엄마가 계셨기에 나도 좋은 엄마가 될 수 있어

2011년 8월 22일, 엄마는 손녀의 생일에 딸이 이식치료를 받는 모습을 지켜보셨다. 토마토 색깔의 액체가 내 가슴에 달린 히크만 카테터를 타고 흘러들어가는 걸 보며 엄마는 내 손을 따뜻하게 꼭 잡아주셨다. 가까스로 울음을 참고 계신 게 분명했다.

이식치료를 받는 중간중간 속이 무척 메슥거렸다. 케첩과 파래 냄새가 뒤섞인 것 같은 비릿하고 역한 냄새가 느껴졌다.

다른 항암제들을 맞을 때 거의 토하지 않던 나도 결국 화장실에서 변기를 붙잡고 마구 토했다. 엄마는 등을 계속 두드려주셨고, 따뜻한 물도 갖다 주셨다.

"엄마, 죄송해요."

"죄송하긴, 잘하고 있잖아. 그런 말 하지 마라."

"오늘이 현진이 생일인데…. 모두에게 너무나 미안해요."

"네가 빨리 툭툭 털고 일어나는 게 가장 행복한 일이야."

엄마는 나를 두 팔로 가만히 안아주셨다. 그날 처음으로 난 엄마 품에서 실컷 울었다.

조혈모세포 이식치료는 다음 날까지 이어졌다. 구토를 심하게 하고, 이식 후 며칠 동안 고열에 시달리는 등 우여곡절이 있었지만 이식치료는 성공적으로 마무리됐다.

나는 집에 계신 아빠와 통화했다.

"아빠, 저 이식 다 받았어요. 이제 며칠 더 기다렸다가 혈액 수치 올라가면 퇴원한대요."

"그래, 됐다. 앞으로 관리 잘해야 한다."

아빠의 목소리는 다른 때와 마찬가지로 차분하셨다. 그래도 예전과는 다른 밝은 분위기가 느껴졌다.

내 전화를 받으신 시어머니께서도 경과가 좋을 것 같다는 말에 기뻐하셨다.

"어머니, 저는 잘 있어요. 현진이랑 현준이도 잘 놀죠? 저 때문에 혼자 두 아이 다 보시느라 너무 힘드시죠? 빨리 퇴원했으면 좋겠어요."

"아이고, 말도 마라. 삭신이 다 쑤신다. 그래도 내 걱정은 하지 마. 너 나을 생각만 하면 되는 거다. 딸 생일에 병원에 있으니 네 속이 오죽하겠냐."

나는 친정 부모님, 시어머님과 통화하면서 달력을 보고 있었다. 달력 페이지가 넘겨지고 또 넘겨져서 언젠간 모두가 웃을 수 있는 시간이 오기를 바랐다. 다시 자랑스러운 딸이자 며느리로 돌아갈 날이 하루 빨리 오길 기도했다. 그게 언제일진 전혀 알 수 없었지만.

부모님과 시어머니께선 병원에 정기 검진을 갈 때마다 꼭꼭 전화로 내 진료 상황을 물어보신다. 백혈구와 헤모글로빈, 혈소판 수치 하나하나에 여전히 울고 웃으신다. 아직 혈액 수치가 정상 수준까지 올라가려면 한참 멀었지만, 지난 진료보다 조금이라도 오르면 뛸 듯이 기뻐하시고 약간이라도 떨어지면 매우 불안해하신다. 그 마음이 어떤 것인지 알기에, 나는 나의 불안감은 잠시 접어두고 부모님과 시어머니께 항상 자세히 설명해 드린다. 그러다 보면 내 마음도 자연스럽게 편해진다.

가끔 아이들을 데리고 서울 시내를 차로 한 바퀴 돌기도 하는데, 광화문 앞 도로를 지날 때면 엄마는 늘 이렇게 말씀하신다.

"작년에만 해도 이놈의 길이 지옥처럼 느껴졌는데 지금은 정말 행복하다. 아직 다 낫진 않았지만 그래도 이만큼 기운을 차렸으니 된 것 아니니? 사람 마음이 참 간사하다, 그렇지? 이제 우리 다신 병실에 갇히지 말자."

아빠는 담담한 표정으로 당부하신다.

"이젠 살 빼라. 네 몸은 이제 너 혼자만의 것이 아니야. 네가 잘 챙겨야 다른 식구들도 다 잘 사는 거다."

시어머니께서도 한 말씀 하신다.

"이제 내가 한결 편해졌어. 다른 걱정 하지 말고 어서어서 더 좋아질 생각만 해라."

암은 내게 알려줬다. 아이를 낳았다고 해서 저절로 부모가 되는 건 절대 아니라는 사실을. 자식이 어떤 상황에 처해 있든, 어떤 모습이든 그대로 받아들여야 한다는 당연하고도 슬픈 진리를.

병을 앓으면서 나는 부모라는 이름의 무게를 실감했다. 가족이라는 울타리를 지키기 위해 부모가 어떤 고통을 감내해야 하는지 나의 엄마와 아빠 그리고 시어머니를 보면서 배웠다.

한순간에 병자가 되어 부모 가슴에 비수를 꽂은 못난 자식이지만, 부모님과 시어머니는 그런 나를 있는 그대로 받아들이셨다. 그리고 치료 과정에서 겪은 고통과 몸이 점점 회복하면서 되찾아가는 행복감을 나와 함께 나누셨다.

가끔 자신에게 물어본다. 나는 과연 앞으로 내 아이들이 경험하게 될 수많은 일 앞에서 담대해질 수 있을까. 부모님께 여전히 풀 한 포기일 뿐인 내가 나의 아이들에게 따스한 햇살을 선사할 수 있을까.

아직은 확고하게 "그렇다!"고 대답할 자신도, 용기도 없다. 하지만 한 가지 분명한 것은 내 딸과 아들에게 무조건 '성공적인 인생'을 살아야 한다고 강요하진 않으리라는 점이다. 내가 남들이 말하는 그런 성공을 누려보지 못했기 때문에. 한 번 바닥 저편까지 갔다 왔기 때문에. 그래서 함부로 아이들에게 '바른 인생' 운운하진 못할 것 같다.

어떻게 살아야, 자녀를 어떻게 키워야 좋은 엄마가 될 수 있는지 사실 전혀 모르겠다. 그래도 아이들의 경험을 함께 나누는 부모가 될 수 있기를 소망한다. 나의 부모님께서 내게 그렇게 하셨듯이 말이다.

4장
딸이자 아내이자 엄마인 여자는 전사다

아침에 황하를 건너고
저녁엔 흑산 꼭대기에서 잠들었네.
부모님이 딸을 부르는 소리는 들리지 않고
오직 연산의 오랑캐 군대 말발굽 소리만 울리네.
만 리 밖 전쟁터에 나가서
날아다니듯 관문과 산을 넘었네.
삭풍은 군대 안의 징과 딱따기 소리 울리게 하고
차가운 달빛은 철갑옷을 비추네.

旦辭黃河去	단사황하거
暮宿黑山頭	모숙흑산두
不聞爺孃喚女聲	불문야양환녀성
但聞燕山胡騎鳴啾啾	단문연산호기명추추
萬里赴戎機	만리부융기
關山度若飛	관산도약비
朔氣傳金柝	삭기전금탁
寒光照鐵衣	한광조철의

– 북조 민가의 〈목란사〉 중에서

딸이자 아내이자 엄마인 여자는 전사다

"새댁, 그거 알아? 여자 병동에선 식구들한테 '어서 가, 어서 가' 그리고 남자 병동에선 '어딜 가, 어딜 가' 그런대."

"진짜요?"

"그렇다니까. 새댁도 앞으로 두고 봐. 사내놈들은 여자들 발끝도 못 쫓아와. 우리 여자들이 위기에 강하지."

혈액종양내과 병동에 입원했을 때 옆 침대 아주머니가 들려준 얘기다. 처음 이 말을 들었을 땐 그저 웃어넘겼다. 그렇지만 시간이 흐르면서 그게 절대 농담이 아님을 실감했다.

> ☐ **A1** 아침에 현진이 어린이집 데려다주기. 가정통신문 확인.
> ☐ **A2** 아파트 오일장에서 채소 사다 놓기.
> ☐ **A3** 오후 세 시 반, 서울대학교병원에서 PET-CT 검사 결과 확인.
> ☐ **B1** 인터넷 뱅킹으로 은행 계좌 잔액 확인.
> ☐ **B2** 이번 달 공과금 미리 계산해놓기.

나는 매일 아침 플래너에 이런 식으로 그날 해야 할 일의 목록을 작성했다. A는 그날 꼭 해야 할 일을, B는 자투리 시간을 활용해 살짝 하면 되는 일을 뜻했다. 그리고 숫자는 그 일을 해야 할 순서였다.

암 환자가 됐다고 해서 집안일과 육아에서 완전히 손을 떼고 자유롭게 지낼 수는 없었다. 다른 사람들이 대신 해줄 수 없는 일이 있기 때문이다. 아마 아이 키우는 주부라면 모두 공감할 것이다. 자녀가 있는 기혼 여성에게 하루의 생활 현장은 곧 전쟁터와 같다는 사실을.

아무리 시어머니께서 아이들을 돌봐주신다고 해도 육아 방식과 교육관에 대한 중심 열쇠는 엄마인 내가 쥐고 있어야 했다. 또 직장생활에 바쁜 남편이 공과금과 생활비 내역을 나보다 더 잘 챙기기는 힘들었다. 암이라는 말만 들어도 두려움에 떠는 사람들에게 내 병에 관해 일일이 알아주기를 요구하는 것 또한 무리였다.

나는 나 자신을 공항의 관제탑처럼 생각하기로 했다. 내가 공항 활주로에서 이착륙을 거듭하는 수많은 비행기를 통제한다고 생각하는 것이다. 관제탑이 임무를 제대로 수행하지 못하면 공항은 완전히 마비된다. 어떤 사고가 터질지 모른다.

'암 환자'란 건 내가 가진 여러 역할 중 하나일 뿐이었다. 그렇게 생각하려고 애를 썼다. 거기에만 집착하면 삶의 의미를 찾을 수 없으니까. 그리고 어차피 환자라는 건 언젠간 없어질 역할이라 믿었다. 아니, 그렇게 믿으려고 노력했다.

'나 = 암' 이란 등식은 성립될 수 없었다. 그리고 결코 성립돼서도 안 되는 일이었다. 그런 등식을 가슴에 품고 있으면 삶의 현장이 폐허로 변해버리기 때문이다. '나'라는 관제탑이 정신을 놓아버리면 내 가족과 주변 사람들에게 돌이킬 수 없는 상처를 줄 수 있었다.

암 환자이기 이전에 엄마, 엄마이기 이전에 여자

항암치료 기간이 길어지면서 휴직 기간도 덩달아 늘어났다. 무기력함이 나를 덮치려 할 때마다 난 내 옆의 아이들과 남편을 떠올렸다. 친정 부모님과 동생, 시어머니와 시댁 식구들도 떠올렸고, 친구들과 직장 동료들도 떠올렸다.

난 하루 일정을 플래너에 정리하기 전에 늘 기도하듯 중얼거렸다.

"나는 암 환자이기 이전에 남매의 엄마이고, 한 남자의 아내이고, 부모님의 딸이자 시어머니의 며느리이고, 누군가의 벗이고, 신문기자다. 그리고 암 환자다. 그뿐이다."

병원에 입원해 있을 때도 나는 늘 바빴다. 바쁘게 지내려고 노력했다는 게 더 맞는 말일 것이다. 병실생활은 사실 매우 무미건조하니까.

TV 뉴스를 보고, 가족과 친구들에게 안부 전화를 하고, 큰딸이 다니는 어린이집 교사와 가끔 연락했다. 간호사가 적어준 혈액 수치 결과를 플래너에 매일 옮겨 적고, 치료 과정에 변화가 있을 때마다 기록했다.

특히 입원 기간이 설이나 추석 같은 명절 연휴와 겹쳤을 땐 종일 스마트폰으로 이곳저곳과 연락했다. 우선 친정과 시댁에 드릴 선물을 골라 남편에게 대신 사 보내라고 부탁하고, 큰동서와 의논해 미리 분담했던 명절 비용을 폰뱅킹을 통해 송금했다. 그리고 친척과 지인들에게 일일이 안부 전화를 하거나 문자메시지를 보냈다.

같은 병실에 있던 환자들은 그런 나를 보고 말했다.

"새댁도 영락없는 아줌마구나. 참 신통하다니까. 아가씨들은 그러기 힘들지."

열심히 살려고 했다. 그래도 쓸쓸했다. 그 고독감은 누구도 덜어줄 수 없었다.

병자가 된 채 생활 전선에 서 있는 내 모습이 처량해 보였다.

아무것도 없는 벌판을 혼자 헤매는 기분이었다. 암에 걸리기 전 가끔 워킹맘으로서 느꼈던 소외감이나 피로와는 전혀 차원이 다른 감정이었다.

때로는 그냥 혼자 절망에 빠져보고도 싶었다. 다른 누구도 생각하고 싶지 않은 날도 있었다. 나만의 휴식 시간을 갖고 싶었다. 강해 보여야 한다는 강박으로부터도 벗어나고 싶었다. 죽을 수도 있다는 확률을 항상 염두에 두고 살아야 하는 현실이 싫었다.

항암치료 후유증으로 생긴 조기 폐경은 나를 더욱 허탈하게 만들었다. 나는 둘째 아이를 무사히 낳고, 목숨을 이어가는 대가로 내 난소를 바쳐야 했다. 난 이제 생식 기능을 갖춘 여성이 아니다.

어차피 치료에 들어가기 전부터, 항암제 부작용으로 난소 기능을 잃을 우려가 있다는 건 들어 알고 있었다. 항암제가 암세포만 쏙쏙 골라잡는 건 아니기 때문이다. 대부분의 항암제는 암세포처럼 증식속도가 빠른 세포들을 같이 공격한다. 생식세포도 항암제의 공격 대상에 억울하게 끼어드는 세포 종류 중 하나였다.

더는 월경을 하지 않는다는 것을 알았을 때, 내 난소가 정상 크기의 30퍼센트로 줄어 있다는 사실을 봤을 때 나는 무슨 말을 해야 할지 생각이 나지 않았다. 조기 폐경에 대해서 머리로는 다 알고 있으면서도 막상 가슴으로는 받아들일 준비가 돼 있지 않았던 것이다.

내게서 이제 건강한 난자가 나오지 않는다는 것은 결국 여성으로서의 젊음을 영원히 잃는다는 뜻이었다. 서른 살의 내게 그것은 너무나 가혹한 형벌이었다. 산부인과 진료를 마치고 집으로 돌아오는 길이 정말 멀게만 느껴졌다.

식구들에겐 웃으면서 말했다.

"아이 둘 있으니까 애 낳을 걱정은 하지 않아도 되잖아요. 한 달에 한 번씩 귀찮아질 필요도 없고요. 생리대값도 안 들어가니 좋죠, 뭐. 죽지 않고 앞으로 건강하게 살 수만 있다면 괜찮아요."

하지만 나는 그 말을 하면서 다른 생각을 하고 있었다.

'나는 서른 살인데, 내 난소는 서른 살이 아니구나. 난소야, 미안해, 미안해. 그리고 고마워. 네 덕분에 건강한 보물들이 생겼으니까.'

그날 밤, 나는 안방 붙박이장 서랍에 넣어두었던 생리대를 모두 꺼내서 쓰레기통에 버렸다. 그러나 마지막 한 팩만은 버리지 못하고 다시 서랍 깊숙이 넣어두었다. 다시 쓸 일은 없겠지만, 가끔 보기라도 하고 싶었다. 난 그 생리대 한 팩을 가슴에 안고 입술을 깨물며 소리 없이 울었다. 그리고 기도했다.

"하느님, 오늘 하루는 울게 해주세요. 내일부터는 폐경 때문에 울지 않겠습니다."

자괴감과 허무함의 장막이 내 눈을 가리려 할 때, 내 마음속 어디선가 누군가 끊임없이 외치고 있었다.

"직시해야 해. 그것만이 살 길이야. 똑바로 바라보지 못하면 너는 죽어! 너 혼자만의 감옥에 갇히면 안 돼!"

내 마음속에서 울려 퍼지던 그 외침이 나를 어둡지만 안온한 절망의 그물에 걸려들도록 내버려두지 않았다. 그 대신 내 두 눈으로 다른 기혼여성 암 환자들이 살아가는 치열한 현장을 보도록 인도해주었다.

남자와 여자는 병실에서도 달라

항암치료를 하는 종합병원에는 '낮 병동'이란 곳이 있다. 방마다 6인실로 구성된 낮 병동은 암 환자들이 날짜와 시간을 예약하고 와서 항암제를 맞고 가는 곳이다. 입원할 필요 없이 당일 치료가 가능해서 대부분 암 환자가 낮 병동에서 항암제를 맞는다.

거기서 항암제를 맞고 있을 때였다. 건너편 침상에 한 중년 부부가 왔다. 아내가 환자였다. 그런데 남편의 표정이나 말투가 매우 퉁명스러웠다. 기자로서의 '직업병'이 도진 나는 그 부부의 대화를 몰래 들어봤다.

"여보, 나 죽 좀 먹고 싶어."

"오기 전에 얘기했으면 사왔을 거 아니야. 어디서 사란 말이야?"

"병원에 죽 파는 곳 있어. 거기 가서 물이랑 좀 사다줘."

"이 여편네 참, 남편을 마구 부려 먹네."

"아니, 그럼 아픈데 어떡해?"

"그러게 누가 아프라고 했어? 내가 누구 때문에 이 고생인데."

"여보, 너무한 거 아니야?"

"너무하긴. 오늘 저녁은 뭐 할 거야?"

"약 맞으면 얼마나 힘든지 알면서 저녁 타령이 나와? 그냥 사먹자."

"돈 아깝게 사 먹긴 뭘 사 먹어? 있는 반찬 밥상에 놓는 것도 못해?"

"알았어, 알았다고. 죽이나 좀 사다줘."

"에라이…."

깜짝 놀랐다. 힘든 치료를 받고 있는 아내를 보며 어떻게 그런 말이 나올까 싶어서 밖으로 나가는 그 아저씨를 나도 모르게 째려봤다. 나만 그런 게 아니었는지 병실에 있던 다른 환자가 그 아주머니에게 물어봤다.

"세상에, 어째 저런 사람이 다 있대요?"

"에고, 말도 마세요. 그래도 많이 좋아진 거예요. 제가 처음 암 선고를 받았을 땐 술 먹고 들어와서 고래고래 소리 지르고 난리도 아니었어요, 팔자 사나운 년이라고."

"완전히 미쳤네요. 아픈 마누라한테 저녁 밥상 차리라고 하는 것도 웃기고."

난 그 아주머니가 남편 욕을 실컷 할 줄 알았다. 그렇지만 그분은 그저 힘없이 이렇게 말할 뿐이었다.

"우리 남편, 불쌍한 사람이에요. 속상하니까 그렇겠죠."

또 다른 할머니는 아무 보호자도 없이 낮 병동에 혼자 왔다. 그 할머니는 아주 편안한 표정으로 혼자 마실 것과 간식거리를 사오고, 침상에 이불을 펴고 누웠다. 간호사가 링거 바늘을 꽂을 때도 미동조차 없었다.

난 남편이 잠깐 먹을거리를 사러 나간 틈에 그 할머니에게 물었다.

"혹시…, 무슨 암이세요?"

"아, 위암이에요."

"위암이요? 그거 치료할 때 많이 힘들다던데, 어떻게 혼자서 오셨어요?"

"괜찮아요. 늘 하는 건데, 뭐."

"할아버지께선 회사 가셨나요?"

"아니…. 우리 남편은 4년 전에 먼저 갔어요."

"그럼 자제분들은요?"

"우리 애들은 내가 암에 걸린 걸 몰라요."

"네? 왜 알리지 않으셨어요?"

"내가 내년이면 일흔이라우. 이거 치료받은 지는 한 반년 정도 됐어. 우리 애들은 다 미국에 살아요. 내가 아픈 걸 알리면 그 녀석들이 얼마나 놀라고 가슴 아파하겠어. 번거롭게 하기 싫어요. 많이 좋아졌다니 됐지, 뭐."

"그래도…."

"난 죽더라도 식구들 편안하게 죽고 싶어요. 살더라도 편안하게 해주면서 살고 싶고."

이해할 수 없는 풍경은 입원 뒤에도 계속 볼 수 있었다.

암 병동이란 특성 때문인지 몰라도 혈액종양내과 병실엔 사십 대 중반을 넘은 환자들이 많았다. 각자 고용한 간병인과 더불어 배우자와 자녀들이 번갈아 간호했다. 그런데 여자 환자들이 가족에게 말하는 내용 중에는 힘들거나 슬프단 얘기는 거의 없었다.

남편이 자기를 간호하기 위해 휴가를 내느라 혹시나 회사에서 눈치 보지 않을까 걱정했다. 아이들이 밥은 제대로 챙겨 먹고 있는지, 공부는 잘하고 있는지 물었다. 부모가 찾아오면 "노인네가 뭐하러 왔어요? 어서 가세요"라며 밀어냈다. 휴대폰을 붙잡고 영상통화로 아이들을 향해 "냉장고 찾아보면 맨 위 칸에 장조림 있으니까 그거 꼭 꺼내 먹어", "할머니께서 잘해주시지? 할머니 할아버지 말씀 잘 들어야 한다", "숙제는 다 했어? 오늘 영어 학원 늦지 않게 가"와 같은 말들을 줄줄이 이어갔다.

본인 한 몸 제대로 건사하기 힘든 상황인데도 여자 환자들은 계속 집안 식구들 걱정만 했다. 병원비 걱정 때문에 하루라도 빨리 퇴원하길 원했다. 정 힘들 땐 성경이나 불경을 꺼내 읽기도 했다.

간병인 아주머니께 물었다.

"남자 환자들도 다 저러시나요?"

간병인 아주머니는 고개를 저으며 말했다.

"에이, 남자들이 얼마나 엄살이 심한데. 남자들은 마누라들 한시도 옆에서 못 떠나게 해. 까칠하게 구는 환자들도 많아. 의사나 간호사들한테 성질도 많이 부리고."

"왜 그럴까요?"

"글쎄…. 아무래도 남자들이 속이 덜 차서 그런 것 같아. 남자들은 아프면 자기 몸 먼저 생각하고, 여자들은 다른 식구들부터 걱정하거든."

"남자랑 여자 환자들 차이가 그렇게 많이 나나요?"

"그렇더라고. 나도 이 일 한 지가 십 년 가까이 되는데 남자보단 여자 환자들이 더 편해."

이번엔 다른 병실에 있던 어느 오십대 여자 환자 이야기다. 그녀는 신장염으로 고생하다가 신장 이식을 받고 한숨 돌렸다. 하지만 이식 후 몇 년 지나지 않아 백혈병에 걸려 다시 입원했다. 자신의 상황이 원망스러울 법한데 그 환자는 언제나 웃는 얼굴로 병동 복도를 열심히 걸었다. '걷지 않으면 죽는다' 는 게 그 환자의 신조였다.

어느 날 아이들이 보고 싶어 병동 복도에서 핸드폰 사진을 보며 울고 있던 나를 보고 그 환자가 다가와 말했다.

"속 터져 죽겠지?"

"네…."

"자기가 왜 이런 병에 걸렸는지도 모르겠지?"

"네…."

"아픈 건 죄 맞아."

"…."

"식구들이 진짜 보고 싶으면 울지 말고 걸어. 밥도 열심히 먹고, 웃어. 남편이 뭐라고 짜증을 내든, 부모님이 슬퍼하든 말든 일단은 웃어. 머릿속을 비워야 버틸 수 있어."

"어떻게 하면 그럴 수 있죠?"

"새댁은 지금 가족이 보고 싶다 하지만 사실은 자기가 속상한 걸 그렇게 돌려서 말하는 것일 뿐이야. 식구들 진짜 사랑한다면 그렇게 울고 있을 수 없어."

"그런가요…."

"자존심은 개나 줘버려. 진짜 중요한 건 지금 잘 버텨서 몸 다 낫고 여기서 나가는 거지. 여기 있는 사람들 다 그 마음으로 버티는 거야. 새댁, 아줌마가 됐으면 모든 걸 각오해야 하는 거야. 새끼들한테 눈앞에서 제 어미 죽는 꼴 보이기 싫으면, 속상해할 시간에 걸어. 울면 백혈구 수치 안 올라."

환자를 간호하는 보호자들 사이에서도 남자와 여자는 확실히 달라 보였다. 옆을 꼬박 지키며 환자 곁을 떠나지 않는 보호자는 대개 여자들이었다. 남자 보호자들은 대부분 잠깐 들렀다 가거나, 휴일에 자녀들과 함께 간호를 교대하는 게 고작이었다.

처음엔 '집안 경제를 책임져야 하니까 그런 거겠지'란 생각이 들었다. 하지만 보호자들 중에서 의외로 맞벌이 부부가 많다는 걸 안 뒤로는 아무리 생각해도 남자와 여자의 행동이 왜 그렇게 다른지 더더욱 알 수 없었다.

남편이 백혈병을 수년간 앓아 대신 생업 전선에 뛰어든 아주머니가 있었다. 집안 사정상 간병인을 따로 두기가 어려웠다. 스물네 시간 간병인을 쓰려면 하루에 6만 5,000원씩 내야 했기 때문이다. 아주머니는 남편을 대신해 가게에서 일하며 돈을 벌었다. 자녀들도 대학을 휴학하고, 아르바이트를 하면서 엄마와 교대로 아버지를 간호했다.

아주머니의 남편은 면역 수치가 잘 안 오르거나 기분이 우울한 날이면 병실이 떠나가라 소리를 치며 아내에게 화를 냈다. 차라리 병원을 나가서 죽는 게 낫겠다는 푸념도 해댔다. 그러나 아주머니는 그런 남편에게 한 번도 화를 내지 않았다. 그저 병동 앞 배선실에서 다른 병실 보호자들과 함께 신 나게 수다를 떨었다.

그 아주머니는 힘들지 않느냐는 내 물음에 "아휴, 내가 우리 그이 때문에 못 살겠네! 다들 이러고 살지 뭐. 안 그래, 새댁? 아 참, 저번에 낳은 아기는 잘 크지? 사진 좀 보여줘봐"라고 말하며 내 등을 두드려주었다.

여자가 강한 건 사랑이 크기 때문이다

'강인함' 이라는 한 단어만으로는 표현하기 복잡한 여자 환자들과 여자 보호자들의 모습을 보면서 내 머릿속에선 시 하나가 떠올랐다. 〈목란사〉였다. 중국 북조(北朝) 시기부터 전해져 내려오는 민담을 담은 시로, 송나라 때 곽무천(郭茂倩)이 편찬한 《악부시집(樂府詩集)》에 수록돼 있다. 연로한 아버지를 대신해 남장을 하고 전쟁터에 나간 목란이란 여성의 영웅담이다. 특히 디즈니 애니메이션 〈뮬란〉을 통해 세계적으로 잘 알려진 이야기이기도 하다. 'Mulan'은 목란의 중국어 발음인 '무란'을 영어식으로 발음한 것이다.

〈뮬란〉에선 영화의 재미를 위해 양념 요소를 살짝 끼워 넣었다. 여주인공 뮬란이 지나치게 활달한 성격 탓에 중매쟁이에게 선택받지 못해 고민한다는 내용이나 남자 주인공 리샹 장군과의 사이에 벌어지는 로맨스 등이 그렇다. 하지만 이 애니메이션의 실제 모티브가 된 〈목란사〉에선 그런 코믹하고 따뜻한 분위기는 거의 보이지 않는다.

작품 속에서 목란은 십대 후반에서 이십대 초반의 젊디젊은 아가씨로 보인다. 가족과 함께 베를 짜고, 청소를 하고, 음식을 만들고, 가축을 키우고, 농사도 지었을 것이다. 목란에겐 딱히 사모하는 남자도 없다. 그저 하루하루 열심히 사는 소박한 여자일 뿐이다.

평범하게 살아가고 있는 목란의 집안에 갑자기 폭풍이 몰아닥친다. 북쪽에서 쳐들어온 적군을 막기 위해 나라에서 군사를 모집한다는 소식이 날아든 것이다.

목란의 아버지는 그리 젊지 않다. 전쟁터에 나갔다가 살아 돌아올 수 없을지도 모른다. 목란에게 남동생이 있긴 하지만 아직 어려서 아버지를 대신해 전장에 나갈 수는 없다. 하지만 목란의 집에서 군인이 나오지 않는다면 그 가족은 나라의 명을 거역한 죄로 죽임을 당할 수도 있다.

목란은 스스로 칼을 차고 갑옷을 입기로 한다. 말을 타고 전쟁터로 떠난 그녀 앞에는 생전 본 적도 없는 넓고 거친 황하 물결과 춥고 높은 산, 수많은 전투로 목숨을 잃은 전우들의 시신이 놓여 있다. 살아 돌아가기 위해 목숨 바쳐 싸워야 하는 아이러니를 품고 목란은 전투에서 큰 공을 세운다.

마침내 전쟁이 끝나고, 목란은 황제 앞에 선다. 황제를 비롯하여 모든 고관대작과 백성들이 목란의 공을 칭송한다. 그러나 목란은 큰 벼슬을 내리려는 황제에게 단 한 가지 소원을 말한다. 모든 상이나 벼슬은 필요 없으니 그저 고향으로 돌아가게 해달라고. 그렇게 목란은 고향으로 가서 다시 예전처럼 평온한 생활을 시작한다.

흔히 〈목란사〉는 '가녀린 여성의 몸으로 충효 정신을 실천한 여장부'의 무용담으로 해석된다. 하지만 목란의 마음은 남자들이 글공부를 하며 배운 충과 효라는 이데올로기만으로는 결코 설명될 수 없는 무엇이다.

만약 목란에게 나라에 대한 충성심과 명예욕이 조금이라도 있었다면 황제가 내린 벼슬을 사양하지 않고 받았을 것이다. 그러나 사내라면 누구나 꿈꾸는 그 영예를 목란은 가볍게 걷어차 버린다. 제 한 몸 살길 바랐다면 군에 입대한 뒤 진작 탈영했을 것이다. 그렇지만 목란은 12년이란 세월을 싸움터에서 홀로 버틴다. 결국 목란을 움직인 건 자신의 삶과 가족을 향한 '사랑'이었던 것이다.

병상에서 〈목란사〉를 읽으면서 어쩌면 이 시를 통해 옛사람들이 정말 전하고 싶었던 메시지는 '여자의 삶은 곧 전사의 삶'이라는 것이 아니었을까 생각했다. 그만큼 병동에서 본 여자 환자들의 모습은 부드러우면서도 억척스러웠고, 대담했다. 어쩌면 죽을지도 모르는 병에 걸렸으면서도 자신의 역할을 저버리지 않았다. 비록 머리는 다 빠지고 피부는 거칠고 기미가 잔뜩 꼈지만, 그녀들의 모습은 정말 아름다웠다.

"아줌마가 됐으면 모든 걸 각오해야 한다"는 말은 투병 기간 내내 내게 에너지를 불어넣어주었다. 내가 혼자가 아니라는 사실을 항상 일깨워주었다.

아이들은 내 치료가 얼마나 힘겨운지 모른다. 엄마와 같이 놀고 싶어하고, 밖에 나가자고 떼를 쓰고, 맛있는 걸 만들어달라고 한다. 한창 항암치료를 받던 시기엔 그런 아이들이 솔직히 원망스러웠다.

하다못해 남편조차 내가 방바닥에 누워 있는 모습이 보기 싫다며 종종 감정적인 피로를 호소했는데, 그 때문에 우울할 때도 많았다. 나를 보며 안타까워하시는 친정 부모님과 시어머니의 한숨 소리도 듣기 싫었다. "나 하나 버티기도 벅찬데 도대체 왜 다른 식구들까지 생각해야 하는 거지?"란 절망감도 들었다.

그래도 할 수 없었다. 나는 엄마이고, 아내이고, 딸이고, 며느리니까. 가족의 중심에 서서 집안을 이끌어가는 기둥이 돼야 했다. 그건 암 환자가 됐다 해서 달라질 수 없었다.

암 투병을 하면서 나는 많은 '여성 전사'를 봤다. 그 덕에 사랑하는 가족이 있다는 사실에 더 감사하게 됐다. 살아 있어서 내가 사랑하는 모든 이를 지킬 수 있다는 게 얼마나 행복한 일인지도 알게 됐다. 삶의 고마움 앞에서 하릴없이 투정만 부릴 수는 없는 노릇이다. 난 이제 아이가 아니라 누군가를 보호해야 할 어른이니까.

☐ A1 오전 아홉 시, 서울대학교병원 주사실에서 빨간 피와 혈소판 수혈받기.
☐ A2 병원에서 오는 길에 세탁소에 맡긴 옷 찾기.
☐ A3 채소가게에 쌀 20킬로그램, 계란 한 판, 토마토 한 박스 전화 주문.
☐ A4 현준이 분유, 기저귀, 물티슈 인터넷 주문.

나는 오늘도 플래너에 하루 일을 정리한다. 해야 할 일이 있다는 것은 참 다행스럽다. 내가 아직 살아 있다는 증거이기 때문이다. 뭔가를 할 여력이 조금이나마 있다는 얘기이기도 하다.

만일 내가 암이라는 존재가 던져놓는 좌절감이란 덫에 걸렸다면 지금까지 살아남지 못했을 것이다. 둘째 출산 후 의사가 내게 말했던 대로 '예후를 장담할 수 없는 단계'까지 갔을지도 모른다.

'직시하라'는 내 마음속 외침을 따르는 건 여전히 매우 힘들다. 아직 내겐 사망 확률이 30~40퍼센트는 있기 때문이다. 나는 그 고통을 이기기 위해 펜을 들고, 나의 역할을 하나하나 기록해간다. 그리고 그 일상의 기록은 내가 이 세상을 떠날 때까지 끝나지 않을 것이다.

앞으로 살아가면서 산전수전을 더 겪게 될 것이다. 그럴 때마다 나만의 〈목란사〉를 쓴다는 생각을 한다. 우리 집안 대대로 물려받을 한 여자의 따뜻한 사랑 이야기로 남을 수 있도록 오늘도 최선을 다해본다. 진정한 전사가 되기 위한 서툰 걸음을 내딛으면서.

5장
그래도 부부는 같은 곳을 바라봐야 한다

잘못했어,
잘못했어,
잘못했어.

錯　착
錯　착
錯　착

– 육유의 〈채두봉〉 중에서

그래도 부부는 같은 곳을 바라봐야 한다

"다 자기 때문이야! 자기 잘못이라고! 누가 그렇게 일하래? 누가 그렇게 운동 안 하고 살라고 했어? 자기 몸 하나 지키지 못한 게 잘한 거야?"

내가 암에 걸렸단 소식을 듣자마자 남편이 병실에서 외친 첫마디였다. 지금도 잊을 수 없다. 그 말을 내뱉던 남편의 얼굴을. 황당함과 분노, 슬픔, 나를 향한 원망 등 온갖 감정이 뒤섞인 모습이었다.

남편은 울거나 안절부절못하며 떨지도 않았다. 내 손을 잡아 주지도 않았다. 한참을 멍하니 서 있던 남편은 또 한마디를 던지고 밖으로 나갔다.

"다 필요 없어. 나으면 될 것 아니야. 내가 뭐 갖다 주면 돼? 얼른 얘기해. 다른 건 생각하지 마."

옆 침대에 있던 다른 환자가 그런 남편을 보며 기가 막히다는 표정으로 내게 물었다.

"아니, 마누라가 아프다는데 저렇게 멋대가리 없이 말하는 사람이 어디 있대? 새댁, 그래도 너무 서운해하지 말아요."

난 그 환자에게 대답했다.

"괜찮아요. 저희 남편은 원래 그런 사람이에요. 말을 저렇게 해서 그래요."

남편은 키가 189센티미터다. 인물도 그럭저럭 잘생긴 편이다. 누구나 남편을 한번 보면 그 큰 키 덕에 첫인상이 강하다고들 한다. 사고 한 번 친 적 없는 평범한 회사원이며, 책임감 강한 가장이기도 하다.

하지만 신은 공평한 법, 남편에겐 한 가지 치명적인 단점이 있다. 그것은 바로 '저주받은 언변'이란 별칭이 붙을 정도로 말주변이 없고 무뚝뚝하다는 점이다.

남편은 연인들끼리 흔히 하는 이벤트에 무척 인색했다. 결혼 전 프러포즈조차 제대로 해주지 않았다. "당연히 결혼할 사이란 걸 마음으로 알고 있는데 뭐가 더 필요하냐?"라는 게 남편의 생각이었다. 물론 닭살 애교 따위는 기대조차 할 수 없었.

내가 언론사 입사 시험에서 연거푸 떨어졌을 땐 "올해에도 떨어지면 나 그냥 중매해서 다른 데 장가가버릴 거야!"라고 '협박' 했다. (그 말을 한 지 몇 달 되지 않아 난 신문기자가 됐다.)

연애 시절 남편의 대학교 동창들을 만난 적이 있었다. 그때 남편의 친구들은 나를 보고 하나같이 화들짝 놀라며 말했다.

"저 녀석은 꼭 중매결혼할 거라고들 했는데 어떻게 일곱 살이나 어린 애인을 데려올 수 있었는지 진짜 궁금하네요. 생긴 것만 멀끔하지, 쟤 대학 때 장난 아니게 말도 없고 재미도 없었거든요. 저 녀석이 연애를 한다는 거 자체가 신기한 일이에요."

남편의 저주받은 언변은 결혼 전 내 부모님과 처음 만났을 때도 유감없이 발휘됐다.

아빠께서 냉면을 사주시며 이런저런 말씀을 하시고, 남편에게 이것저것 물어보실 때까지만 해도 대충 잘 넘어갔다. 그런데 식사를 마치고 식당에서 나온 남편은 장차 장인어른께 잔뜩 긴장한 표정으로 벌벌 떨며 훗날 우리 집 역사에 영원히 기록될 만한 '명언'을 남겼다.

"아버님, 잘 얻어먹어버렸습니다!"

난 마음속으로 성호를 그으며 기도했다.

'오, 주님…. 제 남자친구에게 베풀 자비는 있으시죠?'

대신 변명을 해야 하나 속을 끓이던 나와 달리 집에 돌아온 부모님께선 뜻밖의 말씀을 하셨다.

"걔 아버지께서 일찍 돌아가셨다며? 웃어른을 대하는 게 너무 어려워서 말실수가 나왔을 거야. 그럴 수 있어. 그놈 성격은 참 착할 것 같던데 말이야."

엄마와 아빠는 그렇게 우리의 결혼을 허락해주셨다.

돌이켜보면 부모님께선 남편의 어색한 말투 뒤에 숨어 있는 진실한 마음을 꿰뚫어보신 것 같다. 비록 매끄러운 말솜씨는 못 갖췄지만 남편은 늘 한결같은 태도로 나를 대했다.

내가 언론사 취직 준비를 하는 동안, 남편은 퇴근 후 숨 막히는 만원 지하철을 한 시간 넘게 타고 내가 다니는 학교 앞까지 나를 데리러 왔다. 함께 책을 읽으며 차를 마시고, 운동도 함께 했다. 취직 시험에 떨어져 울 때도 항상 옆에 있어줬다. 내겐 남편의 그런 듬직한 모습이 초콜릿처럼 달콤한 사랑의 밀어 수천 마디보다 훨씬 더 좋았다.

정말 곰 같은 남편

연애 3년 끝에 결혼하고, 첫 딸을 낳고 둘째를 가질 때까지만 해도 우리 부부에겐 별다른 풍파가 없었다. 그러나 결혼한 지 4년째 됐을 때, 남편은 자신이 그때까지 상상조차 하지 못했던 거대한 폭풍과 마주했다. 아내가 자신의 아이를 뱃속에 품은 채 림프종 환자가 된 것이다. 아무리 굳센 남자라고 해도 충분히 절규할 만한 상황이었다. 미쳐버릴 것 같은 그 순간에 남편의 바위 같은 무뚝뚝함이 도리어 빛을 발했다. 남편은 자신만의 방식으로 나의 고통을 나눠 가졌다.

자신을 향해 울며 소리치는 내게 그는 쓸데없는 감정 놀이로 속 태우지 말라고 했다. 먼저 내 손을 잡아준 적도 별로 없다. "내 손 좀 잡아줘"라며 내가 손을 내밀 때에야 "까짓 것, 한번 잡아주지 뭐" 하고 슬쩍 잡았다 놓을 뿐이었다.

남편은 내 항암치료에 대해서도 전적으로 의사의 지시를 따랐다. 의약품이나 건강식품에 대해 인터넷 검색을 한다거나 하는 모습도 전혀 보이지 않았다. 내가 "자긴 환자 보호자인데도 내가 무슨 약을 먹고 무슨 링거를 맞는지 어떻게 아무것도 몰라?"라고 불만 가득한 목소리로 물었을 때 "그런 거 봐서 뭐해? 자기가 알아서 잘하잖아. 의사들이 전문가니까 잘 알겠지. 내가 찾아본다고 뭐 알겠어?"라고 되받아쳤다.

입맛 당기는 음식이 있다고 하면 "뭐 그런 게 다 먹고 싶어? 이 살들 다 어떻게 뺄 거야?"라고 툴툴거렸다. 하지만 그 음식들을 일일이 포장해 갖다 주었다. 돼지갈비가 먹고 싶다고 하면 식당에서 양념갈비를 사서 직접 구워 갖다 줬고, 삼계탕이 먹고 싶다 하면 병원 근처 식당에서 득달같이 사다 줬다.

둘째 출산일을 코앞에 두고 있던 2010년 11월 말, 병실에서 맞이한 결혼 4주년 기념일엔 하트 모양의 작은 케이크를 사다

그렇다. 사랑과 결혼은 분명 미친 짓이다. 논리가 통하지 않는 세계이기 때문이다. 그래도 난 내가 남편과 그런 '미친 짓'을 한 것을 후회하지 않는다. 그리고 남편도 나와 같은 마음이길 간절히 바란다. 완벽하진 않더라도 서로 나름대로 마음속 깊은 행복의 감정을 계속 나눌 수 있기를 소망한다. 삶의 순간순간마다. 늙어 죽을 때까지.

주었다. 나는 감동에 겨워 말했다.

"여보, 사랑해. 그리고 미안해."

남편은 무덤덤하게 답했다.

"많이 먹어. 백혈구 수치 올려야지."

2011년 봄, 다섯 번째 항암치료를 앞두고 있을 때였다. 병원 진료 전날, 나는 여느 때처럼 거울을 보면서 남편에게 말했다.

"여보, 나 그새 머리 좀 길었지? 이번에도 그냥 먼저 밀어야겠어. 병원 이발소에 미리 갔다 와야지."

그 말을 들은 남편은 별말 없이 방을 나가더니 조금 후 나를 화장실로 불렀다. 세면대 앞엔 화장대 의자가 놓여 있었다.

"머리 숙여봐. 이거 수건 두르고."

"왜?"

"내가 밀어줄게. 나 이거 잘해."

"자기가 머릴 어떻게 밀어?"

"날마다 면도하는 게 일이잖아. 이발소에 괜히 돈 갖다 바치지 말고 나한테 맡겨봐."

남편은 전기면도기로 내 머리카락을 밀어주고, 따뜻한 물로 닦아줬다. 남편은 대머리인 내 모습을 보고도 아무렇지 않다는 듯 말했다.

"이거 봐. 진짜 반짝반짝하잖아. 파리가 미끄러질 정도로. 내

솜씨 끝내주지?"

"여보…."

"뭐, 고마워할 필요는 없어. 다음에도 혹시 머리 밀 일 있으면 얘기해. 돈 아껴야지."

남편은 평소와 같은 특유의 무심한 표정 그대로 화장실 밖으로 나갔다. 내 눈은 어느새 눈물로 가득 찼다. 그렇지만 남편 앞에서 울면 "또, 또 운다. 저 울보"라고 화낼까 봐 얼른 소매로 눈물을 훔쳤다.

남편은 주말마다 병실에 와서 간호해주었다. 그렇지만 특별히 다정하게 대해준다거나 따뜻한 위로의 말을 해준다거나 하진 않았다. 그저 평소와 비슷했다. 남편의 사전에 '로맨틱'이란 단어는 없었으니까.

보통 환자가 병동에 입원하면 보호자들끼리도 금방 친해진다. 서로 같은 고통을 안고 있다는 동병상련 때문이다.

그런데 남편은 내가 병동 내 '신참 환자'로 입원했을 때도 다른 보호자들과 거의 대화를 나누지 않았다. 내 침대 옆 간이침대에 누워 잠을 자거나 책을 보다가, 내가 뭔가 필요한 게 있다고 얘기하면 잠깐 밖에 나갔다 오거나 했다.

같은 병동에 입원해 있던 환자나 보호자들은 가끔 내게 남편에 대해 은근슬쩍 물었다.

"새댁, 새댁네 남편은 원래 낯을 많이 가려?"

"아, 네. 처음엔 좀 그래요."

"새댁 남편 마음은 알겠는데 말이야. 그래도 서로 인사 좀 하고 지내면 좋을 텐데 좀 아쉬워. 새댁 참 답답하겠다."

"그냥 그런가 보다 하고 지내요."

대답은 그렇게 했지만 사실 나도 남편을 보면 무척 답답했다. 그래도 남편이 기분 나빠할까 봐 뭐라 하진 못했다.

2011년 7월, 자가 조혈모세포 이식치료가 결정된 후 이식 전 처치치료를 위해 2인실에 입원했을 때였다.

그때 내 옆 침대엔 삼십대 중반의 젊은 환자가 있었다. 그 환자의 남편은 아내에게 정말 헌신적이었다. 항상 손을 잡아주고, 아내와 함께 성경을 읽으며 기도를 하기도 했다. 아내가 잠들었을 때도 곁을 떠나지 않았다.

어느 날 낮잠을 자고 일어난 나는 옆 침대 환자의 남편이 울고 있는 아내를 꼭 안아주는 걸 봤다. 나는 혹시나 방해가 될까 봐 얼른 옆으로 돌아누웠다. 부부의 따스한 포옹을 보면서 속으로 정말 부러웠다. 조금 있다 그 부부는 복도 산책을 하러 병실 밖으로 나갔다.

마침 그때 남편이 병실에 들어왔다. 남편은 오자마자 간이침대에 벌러덩 누우며 "에고, 마누라 때문에 이게 무슨 개고생이야?"라고 말했다. 그날은 유난히 그 말이 듣기 싫었다.

"여보, 옆 침대 환자 남편은 부인한테 그렇게 다정하게 잘해주더라. 세상에, 부인이 우니까 꼭 안아주면서 위로하는 거 있지."

"그게 나랑 무슨 상관인데?"

"무슨 상관? 자기도 좀 그렇게 해주면 좋겠다 그거지."

"부러우면 지는 거야."

그 한마디에 열이 오른 나는 남편에게 꽥 소리를 질렀다.

"자기한텐 도무지 위로라고는 찾아볼 수가 없어!"

"자기 또 시작이다. 도대체 왜 그러는 거야?"

"암에 걸린 게 왜 내 잘못인데? 누군 걸리고 싶어서 걸렸어? 왜 그러는 거야?"

"내가 뭘 했기에 그런 거야? 난 그저 간호하러 온 거라고. 주말에 얼마나 힘든지 알아? 왜 혼자서 마음대로 소설을 쓰는 거야? 내가 무슨 막말이라도 한 거야? 아니잖아!"

"그래. 그래도 아픈 내가 더 힘들잖아. 내 마음을 알기는 하는 거야? 왜 나 무시해?"

"지금 누가 누구한테 화를 내는 거야? 진짜 화를 내고 싶은 사람은 나라고! 누구 때문에 이 고생인데."

"뭐라고?"

남편은 대답도 하지 않은 채 그대로 병실 밖으로 나가버렸다.

남편도, 나도 지쳐 있었다. 남편이 잘못한 건 아무것도 없다는 걸 나도 알고는 있었다. 하지만 나는 극도로 우울했다.

난 남편을 향해 말의 화살을 쏘아댔고, 남편은 그 화살을 맞지 않으려고 아예 자리를 피했다. 그에겐 그 날카로운 화살에 방패 역할을 해줄 부드러운 말솜씨와 스킨십 능력이 없었다. 너무나 솔직하고 우직했기 때문에.

머리와 가슴이 따로 노는 기분이었다. 그리고 그 괴리감을 표현할 길은 그저 눈물밖에 없었다. 전화를 걸어봤지만, 남편의 핸드폰은 꺼져 있었다. 그리고 그 핸드폰은 다음 날 아침이 되어도 켜지지 않았다.

남편의 핸드폰에 문자를 보냈다.

"미안해."

두 시간 정도 지나서 남편한테 답장이 왔다.

"나도."

남편의 방식

이식치료를 마치고 집에 돌아와 시어머니와 이야기를 나눌 때였다.

"그이는 다 좋은데 말투가 너무 딱딱해요."

"맞아, 워낙에 그러잖니. 그래도 애비가 너 때문에 얼마나 마음 졸였는지 모른다."

"마음을 졸였다고요? 거짓말 좀 보태면 천하태평으로 보이던데요?"

"너 암에 걸렸다는 소식 들은 날 너 입원시키고 집에 와서 말이다. 혼자서 소주를 몇 병 마셨는지 몰라. 만약에 애랑 너 둘 중 하나를 선택해야 한다면 너를 선택할 거란 말도 하더라. 그런 순간이 제발 오지 않았으면 좋겠다면서 말이지."

"그런 얘길 저한텐 왜 한 번도 안 했을까요?"

"애비 성격 너도 알잖냐. 자기 입으로 어디 그런 얘길 할 사람이냐?"

시어머니의 말씀을 들으면서 난 잠시 얼음이 된 것 같은 기분이었다. 남편이 워낙 말을 아끼는 성격이란 건 충분히 알고 있지만, 자신의 마음을 왜 아내에게조차 제대로 털어놓지 못하는지 이해가 되지 않았다. 슬프면 슬프다고, 두려우면 두렵다고 말해주길 바랐다. "자기를 잃고 싶지 않아"라고 말하며 나를 품에 꼭 안아주길 원했다.

그렇게 힘들었으면서, 그토록 겁이 났으면서 왜 정작 내겐 그런 내색을 조금도 하지 않았는지 모르겠다. 아내인 나는 마음속

이야기를 함께 나누는 게 스트레스를 푸는 방식이니까.

왜 그 마음을 몰라주는지 모르겠다며 남편에 대한 속상한 마음을 품고 있을 때 문득 떠오른 시가 있다. 바로 육유(1125~1210년)의 〈채두봉〉이다.

중국 남방의 월주(越州, 웨저우, 지금의 저장성) 지역 출신인 육유는 남송(南宋) 시기를 대표하는 애국시인으로 유명하다. 육유가 살았던 당시 남송의 정권은 재상 진회를 필두로 한 주화파(主和派)가 득세했다. 진회는 여진족의 금(金)나라와 화친해서 현 상황을 유지하자고 황제와 조정 대신들을 설득하고, 자신에게 반기를 드는 관료들을 무자비하게 탄압했다.

육유는 스물아홉 살에 1차 과거 시험에 장원으로 급제한다. 그러나 이듬해 2차 시험에서 진회가 육유를 강제로 낙방시키고, 자신의 손자를 대신 합격시켰다. 진회가 죽은 뒤에도 주화파는 계속 실권을 장악했고, 육유는 말단 관직을 전전하다가 결국 낙향하고 만다. 그는 자식들에게 나라를 지키기 위해 애쓰라고 당부하는 유언을 남기고 85세에 숨졌다.

육유는 중국 고전문학 역사상 가장 많은 시를 남긴 시인이다. 생전에 약 2만 수의 시를 지었다고 알려졌으며, 현재 문집을 통해 전해오는 시만 해도 9,300여 수에 달한다. 육유의 작품 중 중국인들 사이에서 지금까지도 널리 사랑받는 애정시가 바로 〈채두봉〉이다.

이 시는 육유가 자신의 첫사랑이자 첫 번째 아내였던 여인 당완(唐婉)을 그리워하며 쓴 것이다. '채두봉'은 '봉황을 새겨 장식한 비녀의 머리 부분'이라는 뜻이며, 당완이 늘 머리에 꽂던 비녀였을 것으로 추측된다.

육유는 스무 살 때 당완과 결혼했다. 그녀는 학문에 조예가 깊어 육유와 함께 시를 지으며 깊은 부부애를 나누었다. 그렇지만 육유의 어머니는 글을 아는 며느리가 매우 못마땅했다. '자고로 여자는 무식해야 한다'는 고정관념이 강한 시대였던 만큼 아들과 함께 책을 읽으며 사랑을 속삭이는 며느리가 나이 든 모친 눈에 곱게 보일 리 없었다. 결국 육유와 당완은 결혼한 지 2년 만에 이혼을 강요당해 헤어졌다. 그 후 육유는 왕씨 성의 여성에게 새장가를 들었고, 당완은 조사정이란 문인과 재혼했다. 그렇지만 두 사람은 서로를 잊지 못했다.

이별한 지 수년이 지난 어느 날, 육유와 당완은 각자의 배우자와 함께 심원(沈園)이란 정원을 구경하러 왔다가 우연히 마주쳤다. 육유를 보자마자 몸을 떠는 당완을 보며 조사정은 "저 사람이 도대체 누구기에 그러느냐"고 물었다. 당완은 차마 거짓말을 할 수 없어 "저 사람이 제 전남편입니다"라고 답했다.

도량이 넓은 남자였던 조사정은 아내를 대신해서 육유에게

술과 안주를 보내주었다. 그 선물을 받은 육유는 당완에 대한 애틋한 정을 이기지 못해 〈채두봉〉을 지어 당완에게 몰래 전했다.

〈채두봉〉에선 평소 육유가 시의 달인으로서 보여주는 당당한 면모가 별로 나타나지 않는다. 그저 전처를 향한 고통스러운 연정에 가슴을 쥐어뜯는 마음 약한 사내의 모습만이 있을 뿐이다. 육유는 각 연의 마지막 부분을 '錯(어긋날 착)'과 '莫(없을 막)'을 각각 세 번씩 쓰는 걸로 마무리 지었다. 그 이상의 시어를 떠올릴 수가 없었던 것이다.

〈채두봉〉을 읽은 당완은 똑같은 제목의 화답 시를 육유에게 보냈고, 그 후 우울증에 시달리다가 삼십대 초반의 나이에 죽었다. 그런 당완을 육유는 죽을 때까지 잊지 못했다. 사랑하는 여인을 끝까지 지켜주지 못했다는 죄책감이 그의 가슴속에 늘 남아 있었다.

〈채두봉〉의 마지막 부분을 보며 나는 '남자의 눈물'이란 어떤 것인지 어느 정도 이해할 수 있었다. 글자들이 마치 점점이 떨어진 굵디굵은 눈물방울처럼 느껴졌기 때문이다.

아무리 다작에 능한 시인이라 해도 자신이 어찌할 도리 없이 떠나보내야 했던 아내 앞에선 한없이 여린 모습을 드러냈다. 누구 앞에서도 보이지 않았을 있는 그대로의 정이 마지막 글자에

배어 있었다. 그리고 육유가 느꼈을 그 말 못할 사랑의 슬픔이 내 남편이 내게 가진 마음과 똑같을 것이란 생각이 들었다.

아내가 암 환자가 됐다. 아직 결혼한 지 4년밖에 되지 않았고, 두 아이는 너무나 어리다. 아내를 살려야 한다. 아내를 치료하려면 수천만 원이 필요하다. 억지로라도 일터로 가야 한다. 돈을 벌어야 하니까. 울고 싶어도 울 수가 없다. 가장이니까. 집안의 기둥이어야 하니까. 기둥이 흔들리면 집이 무너지니까. 아내와 다른 가족에게 절대 약한 모습을 보여선 안 된다. 남자이기 때문에.

남편에게 너무나 미안해졌다. 원망만 가득했던 마음이 언제부턴가 조금씩 연민으로 바뀌고 있었다.

그래도 당신이어서 좋아

남편의 잠든 뒷모습이 참 쓸쓸해 보였다. 그가 얼마나 두려워하고 있는지 느껴졌다. 아내를 잃을 수도 있다는 공포가 얼마나 클지 짐작할 수 없었다. 아마 그 공포는 내가 죽음을 두려워하는 것보다 더 클 수도 있다. 내가 죽은 후 남겨진 이들의 슬픔과 후폭풍을 몽땅 짊어져야 할 테니까.

남편이 왜 내 병인 림프종에 대해 정보 찾기를 거부했는지도 이해할 수 있었다. 그 병명을 검색창에 쳐 넣는 것조차 남편에게는 손가락 끝을 바늘로 찌르는 것과 같은 고통이었을 것이다. 나도 내 병과 치료약, 치료 성공확률 등에 대한 정보를 검색하면서 때로 피가 거꾸로 솟는 것 같지 않았던가.

　환자의 슬픔도 크지만 지켜보는 사람의 비애는 더 클 수 있다는 것을 그제야 알았다. 사랑하는 이를 위해 해줄 수 있는 게 아무것도 없다는 사실을 받아들여야만 하기 때문이다. 그 고통의 시간을 남편은 눈물을 숨긴 채 자기만의 방식으로 버텨온 것이다. 덤덤하게, 수수하게 그리고 냉정하게.

　림프종치료가 계속되면서 내 병세는 점차 호전되었다. 내 손으로 다시 살림을 하고 일터로 돌아가려면 아직 멀었지만, 나를 덮었던 죽음의 어두운 그늘은 하루하루 아주 조금씩 걷히기 시작했다.

　큰딸도 예전의 명랑함을 되찾았고, 둘째 아이도 걸음마를 곧잘 하게 됐다. 남매가 한창 까불며 노는 모습을 보며 남편은 한결 평온해졌다. 남편은 내게 자신을 '구세주'라고 불러줄 것을 요구하고 있다.

　"내가 아니었으면 자긴 일에 치여서 결혼도 늦게 했을 거고 아이도 못 낳았을 거야. 항암치료를 하면서 폐경이 됐으니 어떻게 애가 생기겠어? 내가 꿋꿋하게 자길 지켜줬으니까 이만큼 살아날 수 있었던 거라고. 자기 치료하는 데도 얼마나 힘들었는데."

"여보, 그래도 구세주라고 하는 건 좀 너무한 거 아냐?"

"너무하긴! 자긴 나중에 자기가 번 돈 다 나한테 갖다 바쳐야 해. 내가 자기 때문에 마음고생한 거 생각하면 정말 끔찍하다고."

"알았어, 복직하면 꼭 열심히 해서 대출도 갚고 적자 탈출할 거야."

"돈 욕심 너무 내지 말고 몸관리나 잘하셔. 그 살들 다 빼고 가야지? 멧돼지 아줌마!"

"어이구, 나 요즘 운동이랑 다이어트 열심히 하거든? 자기나 밤에 라면 좀 그만 드시지?"

"난 키가 있잖아! 아무튼 이제 몸도 좀 좋아졌으니 집안일도 좀 열심히 하라고."

거실에 앉아 TV를 보며 남편과 이렇게 티격태격 장난스러운 입씨름을 하다 보면 예전에 간병인 아주머니께서 해준 얘기가 생각난다.

2010년 12월, 둘째 아이를 제왕절개 수술로 낳고 나서 회복실에 들어갔을 때다. 남편과 간병인 아주머니가 나를 지켜보며 마취에서 깨어나길 기다리고 있었다. 그런데 마취에서 깨어나는 과정에서 내가 막 횡설수설했는데 주로 내용이 이랬단다.

"여보, 미안해! 난 자기 없이 못 사는 거 알지? 우리 아가야, 미안해! 엄마가 정말 미안해! 절대 하늘나라 안 갈 거야! 여보, 사랑해! 자기 없이 못 살아!"

내가 하도 소리를 질러서 의사가 "환자분께 진정제 좀 놔 드릴까요?"라고도 했다 한다.

간병인 아주머니는 이 얘기를 전해주면서 내게 말씀하셨다.

"마취 깨면서 제정신 아닐 때 하는 소리가 진짜 진심이래요."

남편은 내게 사랑한다는 말을 거의 안 한다. 아마 남편이 갑자기 내게 부드러운 목소리로 "사랑해"라고 말한다면 난 도리어 깜짝 놀랄 거다. '사람이 죽을 때가 되면 평소에 안 하던 착한 행동을 한다'는 옛말도 있으니까.

가끔 아이들과 함께 앨범을 보다가 결혼사진을 볼 때면 남편은 이렇게 눙친다.

"이때야말로 내가 살면서 제일 미쳤을 때야."

"그럼 지금은?"

"지금은 미친 걸 넘어서 아예 도인이 된 거지."

"도인은 무슨, 말도 안 돼."

"도인이니까 대머리 뚱땡이랑 같이 살지. 얼른 낫기나 해. 그

놈의 머리는 도대체 언제 자란대?"

"두고 봐, 내가 살 빼고 머리 다시 자라서 예뻐지면 확 바람나 버릴 거니까."

"허이고, 퍽이나 바람 잘 나겠다. 내가 애들 데리고 현장 탁 잡으면 게임 끝이지. 자긴 내 손바닥 안에 있어. 딱 봐도 아줌마 라고 쓰여 있네, 뭐."

"그러는 자기도 아저씨잖아."

"내가 자기 때문에 고생하느라고 10년은 더 늙었어. 날 회춘 시키려면 보양식 좀 해줘야 할 걸? 집에서 차려주는 밥이 최고 지만 말이야."

"자긴 날 제일 사랑스럽게 볼 때가 밥 줄 때밖에 없는 것 같아."

"그건 세상 모든 남편이 그래."

"아이고, 알았어요. 나야말로 미친 거지. 저 멋없는 투덜이 스 머프 같은 아저씨 어디가 좋다고 웨딩드레스 입고 저렇게 좋아 했을까."

투덜이 아저씨와 대머리 뚱땡이 아줌마의 대화는 항상 이런 식으로 끝난다. 그리고 둘이 피식 웃는다.

그렇다. 사랑과 결혼은 분명 미친 짓이다. 논리가 통하지 않 는 세계이기 때문이다. 그래도 난 내가 남편과 그런 '미친 짓'을 한 것을 후회하지 않는다. 그리고 남편도 나와 같은 마음이길 간절히 바란다. 완벽하진 않더라도 서로 나름대로 마음속 깊은 행복의 감정을 계속 나눌 수 있기를 소망한다. 삶의 순간순간마다. 늙어 죽을 때까지.

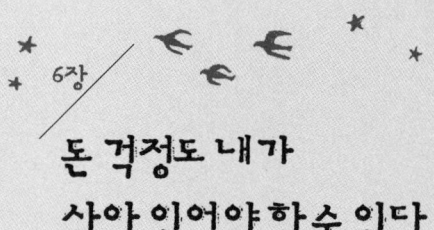

6장
돈 걱정도 내가 살아 있어야 할 수 있다

주머니가 비어 있으면 뭇 사람들이 비웃을까 두려워
동전 한 푼 남겨둬서 간직하고 있다네.

囊空恐羞澁　　낭공공수삽
留得一錢看　　유득일전간

– 두보의 〈공낭〉 중에서

돈 걱정도 내가 살아 있어야 할 수 있다

"고객님, 죄송하지만 대출을 받기 어려우실 것 같습니다. 장기 휴직자는 소득 증빙이 어려워 대출 승인이 잘 되지 않습니다. 장래 복직 여부가 확실하지 않으니까요. 재직 중이셨다면 쉽게 받을 수 있으셨을 텐데요."

2011년 봄, 이식치료를 몇 달 앞두고 집 근처 은행에 대출 상담을 하러 갔다. 살던 아파트의 전세 만기가 다가와서 새로 이사할 집을 구하고 있을 때였다. 설상가상으로 당시 아파트 전셋값은 하루가 다르게 치솟고 있었다. 남편의 대출 부담을 조금이라도 덜어주기 위해 내 명의로 대출이 얼마까지 가능한지를 확인하러 간 것이다.

적금이나 펀드는 몇 번 가입했지만 대출 상담은 처음이었던 내게 은행 직원의 말은 충격적이었다. 그 말은 곧 신문사 기자라는 직업의 틀이 없는 상황에선 내가 제1금융권에서 아무런 가치가 없는 존재라는 뜻이었다. 은행 입장에서 나는 말로는 '고

객'이었지만 실제로는 고객이 될 수 없는 '그저 그런 사람'일 뿐이었다. 아니, 길을 지나다 발에 차이는 돌멩이보다 못한 존재일지도 몰랐다.

은행 직원이 "휴직하신 지 오래되셨네요. 무슨 일 있으셨나요?"라고 물었지만 "항암치료를 하고 있습니다"란 대답은 절대 할 수 없었다. 그 말을 하는 순간 어떤 반응이 돌아올지는 불 보듯 뻔했으니까.

그날 따라 은행 문턱이 한없이 높아 보였다. 그리고 그때만큼 내 몸의 암세포가 그토록 미웠던 적도 없었다. 은행이란 게 때로는 사람을 얼마나 서럽고 두렵게 만드는 곳인지 일깨워준 게 바로 암이었으니까.

암보다 돈 때문에 더 걱정스러워

돈 문제는 항암치료를 하면서 결코 피할 수 없는 높은 산이다. 치료 기간이 긴 데다 치료받는 동안엔 일을 쉬어야 할 때가 많기 때문이다.

림프종을 앓은 내 경우엔 치료비와 입원비 등으로 총 1억 원에 가까운 돈을 날렸다. 입원비가 비교적 싼 4~6인실에 입원하려면 적어도 한 달 이상은 대기해야 했기 때문에 하루에 30만 원에서 50만 원씩 하는 1인실이나 특실에 입원하는 일이 많았다. 면역력이 약해질 대로 약해진 상태에서 입원 치료를 늦출 수가 없었기 때문이다.

자가 조혈모세포 이식이 결정됐을 때도 치료의 성공 여부보다 돈 문제가 더 걱정됐다. 자가 이식치료는 건강보험심사평가원(심평원)의 심사를 받아야 건강보험 적용 여부가 판가름 난다. 만일 이식 대상 환자가 관해 또는 관해에 준하는 상태라면 보험 적용을 받아 약 1,000만 원 선에서 치료를 받을 수 있었다. 하지만 그렇지 못할 땐 3,000만 원대까지 치료비가 올라갔다.

솔직히 '꼭 살아야 한다' 는 바람보다도 '돈이 덜 들기 위해서라도 검사 결과가 잘 나와야 한다' 는 소망이 더 컸다. 다행히 나는 심평원 심사를 통과해서 이식치료 때 건강보험 지원을 받을 수 있었다.

자가 이식치료 후 치료비 정산 서류를 받아들고 한동안 멍하니 바라만 봤다. 서류 위로 눈물이 뚝뚝 떨어졌다. 건강 악화가 날려버린 인생의 수많은 기회비용을 생각하니 너무나 아까웠다.

병원 진료를 마치고 치료비를 계산한 뒤 영수증을 보면 신문사에 갓 입사했던 시절이 떠오르곤 했다. 내가 암에 걸리리라고는 전혀 상상조차 할 수 없었던, 행복했던 시간들이 눈앞에 파노라마처럼 스쳐 갔다.

꿈에 그리던 신문사 수습기자가 되고, 내 명의의 급여통장이 생겼을 때의 기쁨은 이루 말할 수 없었다. 미래를 꿈꾸면서 적금과 적립식펀드 상품을 찾고, 연금저축과 청약저축에도 가입했다. 신용카드와 체크카드도 만들었다. 내 힘으로 돈을 벌 수 있다는 데서 느끼는 보람은 말로 형용할 수 없을 정도로 컸다.

경제신문 수습기자들은 은행과 보험사, 증권 등 각종 금융사가 제공하는 여러 가지 금융 상품에 대하여 강의를 받는다. 재테크에 대해 문외한인 사람이 경제 관련 기사를 쓸 수는 없기 때문이다.

금융 상품 강의를 받다가 보험에 대한 이야기를 들었을 때 내 귀가 갑자기 번쩍 뜨였다. 그때 강사가 해준 말은 이것이었다.

"보험은 젊을 때 미리 들어놓는 게 좋습니다. 그래야 매달 내는 보험료가 낮아지거든요. 이십대 때 든 보험금과 삼십대 때 든 보험금은 당연히 다르겠지요? 보험을 이것저것 많이 들 필요는 없고, 상품별로 꼼꼼하게 따진 뒤에 한두 개 정도 갖고 있으면 됩니다. 특히 암과 같은 질병 관련 보험은 꼭 들어두세요."

강의를 들은 후 얼마 되지 않아 나는 암 진단을 받으면 최대 5,000만 원까지 보장된다는 암보험 상품에 가입했다. 한 달에 3만 원 정도 내면 되는 것이었기 때문에 부담도 크지 않았다. 하루에 커피 한두 잔 아끼면 된다고 생각했다.

그때까지만 해도 전혀 몰랐다. 그 보험의 위력이 얼마나 대단한지 체감할 날이 오리란 걸. 그리고 당시엔 정말 쉽게 보험에 들었지만, 일단 병에 걸린 이상 적어도 10년은 넘어야 그 보험을 다시 들 수 있다는 걸.

만약 그때 내가 가입한 암보험과 남편이 결혼 후 내 명의로 들어준 종신보험이 없었다면 우리 집 기둥뿌리는 이미 홀랑 뽑혀나갔을 것이다. 물론 친정에서 어느 정도 도움을 받기는 했지만 말이다.

암 때문에 사회생활을 잠정적으로 중단해야 한다는 중압감과 죄책감은 치료 기간 내내 나를 괴롭혔다. 한순간에 무가치한 존재로 전락해버린 것 같은 우울감에서 벗어날 수가 없었다. 그것은 죽을지도 모른다는 공포감과도 맞먹는 무게로 날 짓눌렀다.

둘째 출산 전이었던 2010년 가을, 항암치료를 위해 무균 병실에 입원해 있을 때였다. 나는 기자증을 손에 쥔 채 한참을 멍하니 들여다보고 있었다. 눈 깜짝할 새에 변해버린 내 신세가 더없이 처량했다. 어제 기자였던 사람이 오늘은 암 환자가 되어 꼼짝없이 갇혀 있어야 했으니까.

그러는 날 보고 옆 환자가 물었다.

"뭘 그렇게 쳐다보고 있어요?"

"아, 기자증이에요. 괜히 서글퍼져서요."

"직장 그만뒀어요?"

"아니요, 휴직 중이에요. 다행히 육아휴직 끝나고 1년 더 쉴 수 있게 됐어요."

"어머, 좋겠다. 정규직인가 봐요? 휴직도 길게 주네."

"아, 네…."

"난 다니던 회사에서 잘렸어요. 계약직이었거든요. 휴직이라니 정말 좋겠다. 복직할 수 있잖아요."

갑자기 무슨 대답을 해야 할지 알 수 없었다. '돌아갈 직장이 있어서 좋겠다'고 말하는 그 환자에 비하면 내 고민은 사치에 불과했다. 그게 현실이었다. 받아들여야 했다. 빨리.

암 때문에 일터를 잃는다는 것은 비단 개인의 자존심 문제에만 국한되지 않는다. 특히 한 집안의 가장이 암에 걸려서 생계가 막막해지는 건 가족 전체의 운명을 좌우하는 일이다.

실제로 국립암센터가 2008년 발표한 통계자료만 봐도 얼마나 심각한 일인지를 알 수 있다. 국립암센터가 2001년 암 판정을 받은 건강보험 직장가입자 5,396명을 6년간 추적 조사했는데 이들 중 25.9퍼센트가 암 진단을 받은 지 1년 안에 직장을 잃었다. 그러니까 4분의 1이 1년도 못 가 직장에서 쫓겨난 것이다. 그리고 47퍼센트가 암 진단 후 6년 내에 실업자가 됐다. 더욱이 실직한 암 환자들 가운데 5년 이내에 재취업한 환자 비율은 약 30퍼센트에 불과했다.

'암은 불치병이 아니라 난치병'이란 인식이 예전보다 널리 퍼진 건 사실이다. 하지만 여전히 '암에 걸렸다'는 건 대다수 기업에서 치명적인 결격 사유로 본다. '건강관리 부족'이라는 이유로 정리해고 또는 감봉 대상자가 되거나 고용 계약이 해지되기도 한다.

너무나 뻔한 일이지만, 실업자가 되면 상황은 더욱 가혹해진다. 은행을 비롯한 제1금융권의 대출 거래가 끊기면서 저축은행과 같은 제2금융권 혹은 사채업체에 손을 벌리게 된다. 치료비 마련 때문에 집의 크기도 점점 줄어든다. 그러다 보면 가족끼리 재산 싸움이 나기도 한다. 환자들은 그런 상황을 그저 속수무책으로 바라볼 수밖에 없는 경우가 대부분이다.

이 때문에 직장에 다니는 중년 남성 환자들이 회사에 병가를 신청할 때 의사에게 회사에 낼 진단서엔 암에 걸렸다는 내용을 빼달라고 부탁하는 일이 많다. 극단적인 경우엔 '차라리 내가 죽으면 남은 가족이 더 나아지겠지'란 생각에 스스로 목숨을 버리는 환자들도 종종 있다.

실제로 암 환자의 자살률은 일반인보다 약 두 배 정도 높다고 알려져 있다. 살아남기 위해 암과 전투를 벌이다 돌연 스스로 목숨을 포기하는 이유 중엔 분명 돈과 얽힌 문제가 상당히 많을 것이다.

경제적 무능력자라는 무력감

2011년 1월 초. 두꺼운 코트를 입고, 목도리를 둘렀다. 모자로 민머리를 가리고, 입엔 마스크를 썼다. 나는 회사 1층 회전문 앞에 서 있었다. 평소대로였다면 아무렇지도 않게 드나들었을 문이다. 그런데 그날은 그 문을 선뜻 밀고 들어갈 수가 없었다. 손이 떨렸다.

엘리베이터를 향해 한 걸음씩 뗄 때마다 고개가 계속 땅바닥으로 처졌다. 나를 쳐다보는 사람도 없는데, 누가 뭐라 하지도 않는데 자꾸만 사람들이 뒤에서 나를 향해 손가락질하는 것 같았다.

엘리베이터가 13층에 섰다. 출근할 땐 기자증을 문 옆 체크단말기에 댄 후 바쁘게 열고 지나쳤을 편집국 출입문. 하지만 그날은 그 출입문도 얼른 열지 못하고 한참을 또 서 있었다.

나는 암 환자였다. 병 때문에 자리를 지키지 못한 채 회사를 쉬고 있는 휴직기자였다. 업무에 아무런 도움이 되지 못하는 이름뿐인 기자에 불과했다.

심호흡을 하고 들어선 나는 바쁘게 일하는 기자들 틈에서 각 부서를 돌았다. 고개를 숙여가며 연신 이렇게 인사했다.

"안녕하세요, 새해 인사드리러 왔습니다. 이렇게 젊은데 아파서 정말 죄송합니다."

보여주고 싶었다. 살아 있다는 것을. 말하고 싶었다. 다시 돌아올 거라고. 온 힘을 끌어올려 웃었다. 모두들 나를 따뜻하게 맞아주고 위로해주었다. 그렇지만 부끄러웠다. 차라리 죽고 싶을 만큼 수치스러웠다. 조직에서 잉여인간이 된 내 모습을 스스로 확인할 수밖에 없는 순간이었으니까.

그래도 꼭 알려주고 싶었다. 아니, 알려야만 했다. 내가 나아가고 있다는 모습을 보여줘야만 언젠가 다시 일터로 돌아왔을 때 불이익을 당하지 않을 것이라고 생각했다. 꼭 살아남아서 경제력을 되찾아야 한다는 생각에 가득 차 있었고, 그걸 이루기 위해서라면 어떤 일이 닥쳐도 상관없다고 생각했다. 요절보다 더한 굴욕은 없을 테니까. '목구멍이 포도청'이란 게 그토록 슬픈 말이었음을 그날 처음 알았다.

항암치료와 조혈모세포 이식치료를 하면서 내 몸속 암세포는 서서히 없어져갔다. 비록 몸은 완치 상태가 아니었지만, 살아남았다는 안도감과 감사함은 이루 표현할 길이 없었다.

림프종을 앓은 내 경우엔 치료비와 입원비 등으로 총 1억 원에 가까운 돈을 날렸다. 입원비가 비교적 싼 4~6인실에 입원하려면 적어도 한 달 이상은 대기해야 했기 때문에 하루에 30만 원에서 50만 원씩 하는 1인실이나 특실에 입원하는 일이 많았다. 면역력이 약해질 대로 약해진 상태에서 입원 치료를 늦출 수가 없었기 때문이다.

그러나 가슴 깊이 박힌 좌절감의 파편을 없애버리긴 쉽지 않았다. 어느 정도 뽑았다 싶으면 다시 박히고, 뽑아내려고 하면 할수록 그 파편은 더욱 깊숙이 빨려 들어갔다.

다른 사람들이 직장에서 한창 자기 경력을 쌓고 있을 때 나는 암 때문에 일터에 나갈 수 없었다. 휴직할 수 있다는 건 천만다행이었지만 그 기간의 허무함을 어떻게 견뎌내야 할지 막막했다. 서른 살을 갓 넘긴 나로선 참고 받아들이기 힘든 무력감이었다. '이런 꼴을 보려고 3년이나 기자시험 공부를 했나' 라며 자괴감에 빠지기도 했다.

아무리 악성림프종이 원인불명의 병이라고 해도 내겐 '암 환자' 란 꼬리표가 평생 따라다닐 것이다. 그건 곧 '자기관리를 제대로 못했던 사람' 이라는 낙인이기도 하다. 사회라는 틀 안에서 건강은 곧 돈과 힘의 원천이다. 건강을 잃으면 모든 게 끝이란 사실을 절실히 깨달았을 때, 난 이미 림프종 4기 환자의 몸이었다.

맞벌이였다가 외벌이가 되고 나니 살림살이가 몹시 팍팍해졌다. 가족 중 누구도 살림 적자의 '주범' 인 나를 질타하지 않았다. 그래도 난 항상 자격지심 때문에 괴로웠다. 그런데 그 자격지심이 제풀에 폭발하고 말았다.

남편 월급날을 며칠 앞둔 어느 날이었다. 남편은 "에고, 이달도 적자다, 적자"라고 툴툴댔다. 그리고 나를 보며 말했다.

"하여간 마누라가 아프니까 돈이 안 모인단 말이야."

그날따라 우울했던 나는 남편에게 냅다 소리를 질렀다.

"그래! 차라리 내가 죽는 게 낫겠지? 돈도 안 들고 얼마나 좋아!"

남편은 갑자기 날카롭게 나오는 날 보고 무척 당황했다.

"자기 도대체 왜 이래? 누가 그렇대? 적자인 건 맞잖아."

"그 적자가 나 때문이란 건 다 아는 사실이잖아."

"그래서 그게 어떻다는 건데? 자기 잘 치료되고 있잖아."

"뭐? 치료가 잘돼? 그래, 치료가 잘되고 있어서 수천만 원 날렸다. 내가 죄인이지, 미쳤지."

시어머니께서도 놀라서 급히 나를 달래셨다.

"아가, 어느 집이든 다 우환은 있단다. 너무 그러지 마라."

그렇지만 시어머니의 그 말씀은 도리어 내 가슴에 얼음송곳처럼 박혔다. 시어머니께도 대들었다.

"네! 제가 우환덩어리에요. 다 저 때문에 이렇게 된 겁니다. 제가 이런 빌어먹을 병에만 안 걸렸다면 달마다 적자 걱정하지 않아도 됐을 거고, 어머님 용돈도 더 많이 드렸을 겁니다! 모두 다 제 잘못이에요, 제 잘못!"

참다 못한 남편이 버럭 화를 냈다.

"도대체 혼자서 무슨 쓸데없는 상상을 하는 거야? 자기가 우환덩어리라고 누가 그래? 치료되고 있으니까 그래도 돈이 안 아깝잖아. 아무리 아픈 사람이라고 해도 말을 어떻게 그렇게 해?"

"내가 싫다고! 암 때문에 병원에 돈 갖다 바치는 지금이 너무 싫어! 돈 벌러 나가고 싶단 말이야! 일하고 싶단 말이야! 난 지금 이 시간이면 한창 취재하고 기사 쓰고 있을 시간이란 말이야! 내가 뭘 잘못했기에 이렇게 비루한 심정으로 살아야 하는 거지? 말해봐, 말해달라고!"

나는 안방에 들어와 문을 쾅 닫았다. 그리고 침대에 엎드려 온 방이 떠나가라 통곡했다. 가족들이 날 얼마나 아끼는지는 나도 알고 있었다. 내가 진짜 슬펐던 이유는 경제력이 없다는 것, 그 아픔이 어떤 것인지 새삼 깨달았다는 것이다.

빈 주머니의 아픔

6차 항암치료 후 갑자기 고열이 나서 급히 응급실에 간 적이 있다. 종합병원 응급실은 항상 환자들로 꽉 차 있다. 팔에 링거 바늘을 꽂고 응급실 복도 의자에 앉아 있는데 사십대 후반으로 보이는 부부가 내 옆에 앉았다. 남편이 가발을 쓴 것으로 보아

암 환자인 것 같았다. 우리는 의사의 부름을 하염없이 기다리다가 자연스럽게 이야길 나누게 됐다.

"저, 어디가 편찮으세요?"

"아, 간암이에요. 2기라네요. 수술하고 요즘 항암치료 받고 있어요."

"그럼, 회사는 쉬고 계시겠네요?"

"아니요, 회사에선 내가 암에 걸린 줄 몰라요. 수술할 때 한 달 병가 냈었죠. 항암제 맞는 날이면 오전 반차 내고 오후에 출근해요."

"그러세요? 맞고 나면 정말 힘든데…."

"어쩔 수 없어요. 제가 돈을 못 벌면 어떡해요. 그래도 치료가 잘되고 있다니 다행이죠. 오늘은 갑자기 배가 아파서 무슨 일인가 싶어 응급실에 온 거예요."

조금 후 그분은 부인의 손을 잡고 CT 촬영실로 들어갔는데 그 뒷모습이 참 쓸쓸해 보였다. "제가 돈을 못 벌면 어떡해요"라는 말이 내내 가슴에 남았다. 그는 암 환자이기 이전에 집안을 지켜야 할 가장이었다. 그 역할을 지켜내기 위해 얼마나 긴 시간을 몸부림쳤을까. 아마도 암이 주는 고통보다 암 때문에 생길지 모르는 실직의 두려움이 훨씬 더 컸을 것이다.

그날 저녁, 응급실에서 항생제를 처방받고 병원 밖으로 나왔다. 병원에 또다시 몇만 원을 바치고 왔다. 또다시 서글퍼졌다.

누군가는 말했다. "돈은 아름다운 꽃"이라고. 하지만 암 때문에 휴직자가 된 내게, 게다가 일터로 언제 다시 돌아갈지 장담할 수 없는 처지의 내게 돈과 경제력이란 곧 자존심 자체였다. 삶의 처절함이 배어나오는 핏빛 매개체였다.

두보(712~770년)의 〈공낭〉은 돈 걱정이 들 때마다 제일 많이 읽었던 시다. '공낭' 이라는 단어가 '빈 주머니' 라는 뜻이다. 내가 읽은 시 중 돈 없는 자의 슬픔을 이토록 솔직하게 표현한 작품은 다시 없었다.

두보는 이백과 함께 중국 당시(唐詩)를 대표하는 양대 축으로 꼽히며, '시성(詩聖)', 즉 '시문학계의 성인' 으로 추앙받는다. 이백이 마음속 격정을 하늘을 향해 포효하듯 유장하고 낭만적인 시어로 펼쳐냈다면, 두보는 자신의 내면을 깊이 들여다보며 시대의 혼란과 비참한 처지를 사진 찍듯 꼼꼼하게 기록했다.

두보는 당나라의 전성기와 쇠퇴기를 모두 몸으로 겪었다. 중국 중부 하남성(河南省, 허난성) 출신이며, 현종이 능력 있는 황제로서 나라를 다스리던 시절에 태어났다. 현종이 말년에 양귀비와 향락을 즐기면서 혼군의 나락으로 떨어지는 시기에 청·장년기를 보냈으며, 안녹산과 사사명의 난으로 온 나라가 피로 물들었을 때 말년을 맞았다.

두보는 서른 살에 결혼했는데 부인 양씨와 매우 사이가 좋았고, 아이들에게도 자상하고 가정적인 아버지였다. 그러나 전란에 휩쓸려 이리저리 방랑하면서 가족과 떨어져 지내는 시간이 많았다. 당연히 한평생 가난에 시달렸다. 급기야는 그의 나이 마흔네 살에 막내아들이 굶어 죽었다. 또 자신도 뱃길을 떠돌다 58세를 일기로 세상을 떠났다.

두보의 시는 매우 정갈하다. 한시의 율격 형식을 그가 완성했다고 해도 과언이 아닐 정도다. 그런 까닭에 두보의 시는 훗날 선비들이 과거 시험을 위해 반드시 공부해야 하는 필수 과목이 됐다. 그렇지만 정작 두보 자신은 벼슬과 인연이 없었다. 고난에 찬 삶과 마찬가지로 그의 시 역시 마주 대하기 불편할 정도로 깊은 슬픔에 잠겨 있다.

두보는 결코 두루뭉술한 표현을 쓰지 않는다. 환부에 메스를 들이대듯, 화살이 과녁 한가운데를 향해 날아가듯 정확한 시어를 사용한다. 아프면 아프다고, 슬프면 슬프다고, 억울하면 억울하다고, 그리우면 그립다고 쓴다. 두보는 자신의 문체와 관련하여 "내 성격이 워낙 괴팍해서 빼어난 구절을 만드는 데 푹 빠져 지낸다. 내가 지은 시가 사람들을 감격시키지 못한다면 나는 죽어서도 시 짓기를 그치지 않을 것이다"라고 말했다.

〈공낭〉에도 두보의 그런 특징이 고스란히 드러나 있다. 이 시는 그가 마흔여덟 살 때 쓴 작품이다. 가난의 고통을 가감 없이 그려냈지만 시에서 우러나오는 그의 심정은 비굴함보다는 오히려 당당함에 가깝다.

두보는 읽는 이를 향해 "나는 돈이 없다!"고 정직하게 외친다. 그가 만일 가난 때문에 스스로를 정말 수치스럽게 여겼다면 결코 이런 시를 쓸 수 없었을 것이다. 가난할수록 더욱 외면을 치장하는 데 신경 쓰는 게 보통 사람의 모습이니까.

두보에게 시는 곧 삶과 사회를 기록하는 수단이며, 그를 일으켜 세우는 힘이었다. 두보는 자신의 치욕마저도 시로 되살려낸다. 아무리 고통스럽더라도 시인으로서 기억하고 기록해야 할 임무를 내던지지 않고, 내내 날카롭고 정확한 시어로 쓴다.

나는 〈공낭〉을 읽으며 나 자신이 마음속 맨 밑바닥을 치고 올라오는 고무공이 된 것 같았다. 돈이 없다는 것을 핑계 삼아 삶의 질긴 끈을 함부로 놓아선 안 된다고 다짐했다. '돈은 있다가도 없고, 없다가도 있다'는 옛말이 다시금 떠올랐다.

돈 걱정조차 살아 있기에 가능한 것

암 환자가 된 후 내 통장 잔고는 '0원'을 기록할 때가 자주 생겼다. 직장에 다닐 땐 현금이나 체크카드를 자주 썼지만, 휴직한 뒤로는 신용카드를 주로 썼다. 암에 걸리기 전엔 은행에 가는 주된 목적이 새로 나온 적금이나 펀드 상품이 있는지 찾아보는 것이었다. 그러나 암에 걸린 다음엔 적금을 깨거나 자동현금인출기에서 돈을 뽑으러 갈 때가 대부분이었다.

예전에는 장을 볼 때 카드 할부 서비스를 거의 이용하지 않았지만, 암 때문에 '잠정적 무직자' 생활을 하게 되면서 5만 원만 넘어가면 할부 구입을 했다. 월말만 되면 각종 공과금과 생활비, 큰딸 어린이집 보육료 등을 계산하며 한숨을 내쉬었다.

내가 유난히 나의 이런 소비패턴 변화에 민감해하며 서러워했던 이유는 내 직업이 '경제신문 기자'이기 때문이었다. 경제와 관련된 각종 주제로 취재하면서 은행과 카드사들이 자사 고객의 카드를 통해 무서울 정도로 정밀하게 가계 상황을 체크한다는 사실을 알게 됐으니까.

사람들은 대개 별로 신경을 쓰지 않고 카드를 사용한다. 카드 할부 서비스나 현금서비스, 카드론 등을 대수롭지 않게 생각한다. 그러나 금융사들은 고객의 카드 사용내역을 조사하면서 살림살이가 나아졌는지 나빠졌는지 살펴보고, 개개인의 신용점수를 매긴다.

예를 들어 식료품을 살 때 체크카드를 쓰던 사람이 갑자기 신용카드 할부 서비스를 이용한다고 치자. 그러면 금융사들은 그 사람의 가계 상황이 어떤 이유에서든 안 좋아졌다고 생각한다. 그리고 대출 거래를 할 때 그런 조사 내용을 참고로 한다. 현금 서비스와 카드론 이용, 공과금 연체 등도 마찬가지로 향후 금융 거래에 악영향을 줄 수 있다.

가끔 '차라리 이런 사실들을 몰랐다면 마음이나 편했을 것을…' 하면서 후회 아닌 후회가 들 때도 있다. 그렇지만 암 때문에 돈 걱정을 하게 됐다는 게 기자로서 외면과 내면이 성숙하는 기회가 됐다는 생각도 들었다. 내가 '시장을 내려다보는 사람'이 아니라 '시장 속에서 살고 있는 사람'이란 사실을 냉정하게 바라보게 됐기 때문이다. 동시에 '삶이 곧 경제'란 진리도 함께 얻었다. 너무나 단순하지만 경제신문 기자로서 꼭 기억해야 하는 것이었다.

하루는 병원 정기 진료를 받으러 가서 기다리고 있는데 핸드폰이 울렸다.

"이미아 고객님, 안녕하세요. 이번에 새로 ○○상품이 나와서 소개해드리려고 전화 드렸습니다. 이 상품은….”

보통 같으면 그냥 끊어버렸을 텐데 그날은 그 전화를 받고 괜히 서글퍼졌다. 그래서 텔레마케터에게 한마디 했다.

"저, 죄송한데요. 전 보험 가입을 못합니다.”

"아, 보험료 걱정은 하지 마세요. 아주 저렴하면서도 보장은 정말 넉넉하고 세세하게 받으실 수 있습니다, 고객님."

"그게 아니라요, 저는 보험 들 자격이 안 된다니까요."

"무슨 말씀이신가요, 고객님?"

"저는 암 환자거든요. 앞으로 한 10년 정도는 보험에 가입할 수가 없어요."

"아, 그러세요."

"그건 상담사님이 저보다 훨씬 더 잘 알고 계시죠?"

"…"

내가 말을 채 끝내기도 전에 그 텔레마케터는 전화를 끊었다. 그 사람 입장에선 '걸려도 뭐 이런 사람이 걸렸나, 재수 없게' 싶었을 것이다. 나는 그 전화를 끊고 나서 한참을 울었다. 남들 다 드는 보험조차 마음대로 못 드는 암 환자라는 처지가 새삼 서글펐다.

앞으로 살아가면서 돈 걱정은 끊임없이 할 것이다. 빚을 갚고, 돈을 모으고, 전세를 탈출해서 내 집 마련의 꿈을 이루고, 아이들 교육비 챙기고…. 그래도 '돈 걱정'을 부정적으로 생각하진 않을 거다. 한 번 크게 잃어봤기 때문에. 죽으면 돈 걱정조차 할 수 없기 때문에. 지금은 돈이 없어 처량함을 느끼지만, 언젠가는 다시 내 통장에도 빛이 비칠 날이 올 것이라 믿는다. 그러기 위해서라도 더욱 건강해져야 한다고 늘 다짐한다.

돈이 행복을 보장해주진 않는다. 그러나 돈이 없으면 행복해질 수 없다. 난 이제 "돈이 없어도 행복하다"고 말하는 사람들을 믿지 않는다. 그렇게 말하는 사람들은 분명 주머니가 텅텅 비어본 적이 없거나 돈 때문에 괴로운 것을 감추려고 말장난을 하는 것일지 모른다. 아니면 정말로 도인이 되었거나.

오늘도 하늘에 기도해본다. 날이 갈수록 기도의 내용은 점점 더 세속적이고 구체적으로 변한다.

"하느님, 한 달에 한 번씩 100만 원만 뚝 떨어뜨려주시면 안 될까요?"

그러면 하느님께선 내 마음을 향해 이렇게 답해주신다.

"너 한 번 더 아파볼래?"

난 잽싸게 말을 바꾼다.

"에고, 그러실 줄 알았습니다. 그냥 이렇게 감사하며 살겠습니다."

7장
죽도록 살고 싶어지자
삶이 보이다

내 무덤에 온 사람들은
하나둘 각자 집으로 돌아가네.
내 가족 친지들은 간혹 슬퍼하겠지만
다른 사람들은 이미 울음 그치고 즐겁게 노래한다네.
이미 죽었는데 무엇을 말하겠나.
몸을 땅에 맡긴 채 산 언덕과 같아졌는데.

向來相送人   향래상송인
各自還其家   각자환기가
親戚或餘悲   친척혹여비
他人亦已歌   타인역이가
死去何所道   사거하소도
託體同山阿   탁체동산아

- 도연명의 〈만가〉 중에서

죽도록 살고 싶어지자 삶이 보이다

"이미아 님, 어서 들어가세요! 보시면 안 좋아요!"

2010년 11월, 3차 항암치료를 마치고 출산일을 기다리며 무균 병동에 입원해 있을 때였다. 남산만 한 배를 끌어안고 있던 나는 더위를 심하게 탔다. 가을인데도 땀을 뻘뻘 흘리며 늘 시원한 음료수와 얼음주머니를 찾았다.

그날 밤에도 더위를 못 참고 뒤척거리다 새벽에 잠이 깼다. 냉장고에 있는 오렌지주스를 가지러 문을 열고 복도로 나왔다. 바로 그때 내 앞으로 병원 직원들이 짙은 회색 천에 둘러싸인 침대를 바삐 밀며 지나갔다. 그 뒤를 사람들 몇 명이 하염없이 울면서 따라갔다. 그 장면을 멍하니 보고 있는 나를 발견하고 간호사가 손짓하며 빨리 병실로 들어가라고 했다.

그 침대엔 그날 밤 돌아가신 한 칠십대 할아버지의 시신이 있었다. 원래 암 병동에선 환자가 사망하면 그 병실을 차단하고, 시신을 옮길 때 다른 병실의 환자나 보호자들이 복도로 못 나오도록 막는다. 병동 환자들이 동요하는 것을 막기 위해서다. 나는 임신 중이었기에 더더욱 봐서는 안 되는 장면이었다.

하지만 나는 보고 말았다. 내 옆을 스치고 지나가는 시신의 침대를. 참 복잡한 느낌이었다.

나는 병실로 돌아와 배를 쓰다듬으며 태아에게 속삭였다.

"복둥아, 우리 기도드리자. 저분은 좋은 곳에 가셨을 거야. 엄마는 그렇게 믿어. 그리고 엄마는 복둥이랑 네 누나가 다 큰 어른이 되기 전엔 절대 먼저 하늘나라 안 갈 거야. 복둥아, 엄마를 믿어줘."

사실 그 말은 뱃속의 아기에게 했다기보다는 나 자신에게, 나를 안정시키기 위해 한 것이었다. 무서웠다. 그러나 무섭다고 직접 말할 수는 없었다. 태아가 들을까 봐, 알아차릴까 봐 두려웠으니까.

그게 내가 항암치료를 하면서 본 첫 번째 죽음이었다. 그 후로도 같은 병동에서 치료받다 돌아가신 분이 더 있었다. 그중엔 나와 같은 병을 앓고 있던 환자도 있었다. 대부분 면역력 약화에 따른 패혈증 또는 예상치 못한 암 재발과 병세 악화 등으로 사망했다.

병동에 입원했을 때나 정기 진료를 받을 때 환자 중 누군가가 "그분 얼마 전에 가셨대…"라고 말하면 주위 환자들 모두 순간적으로 숙연해졌다. 그런 날엔 병실이나 외래 대기실이 유난히 조용했다. 아무도 말을 꺼내지 않았다.

알고 지내는 환자들의 소식이 끊겼을 때 그 이유는 둘 중 하나였다. 완치돼서 병원에 오지 않거나 더는 이 세상 사람이 아니거나.

죽음의 현장은 생각보다 참 가까웠다. 그리고 나 역시 언제든 그 비극의 주인공이 될 수 있었다.

달콤한 유혹, '차라리 끝내버릴까?'

'내가 죽는다면….'

결코 던지고 싶지 않은 질문이었지만 피할 수 없는 것이기도 했다.

평소엔 이 생각을 입 밖에 꺼낼 수 없었고, 머릿속에 마냥 맴돌게 할 여유도 없었다. 치료에 열중해야 했고, 시어머니와 함께 집안 살림과 육아를 해야 했다. 아무것도 모르는 아이 앞에서 내가 죽을까 봐 무섭다며 울상만 지을 수는 없었다.

병원 정기 진료에 갔다가 내가 조금이라도 불안하거나 우울해하는 모습을 보이면 가족들은 나보다 열 배는 더 떨었다. 웃어야 했다. 최대한 죽음에 대해선 생각하지 않으려고 노력했다. 다른 사람들에게 보여주기 위해 일부러 더 태연하고 담담한 척 연기했다.

하지만 그렇다고 죽음에 대한 공포를 완전히 씻어낼 수는 없는 노릇이었다. 죽음이 두렵지 않노라고 거짓말을 할 수도 없었다. 나는 지극히 평범한 서른 살이었다. 죽음 앞에 초연할 수 있는 성자가 아니었다. "암을 이겨내면서 인생의 참 진리를 깨달았다"는 식의 '숭고한 메시지'를 설파할 대범함도 갖추지 못했다.

'내가 죽은 뒤의 세상'을 상상해봤다. "산 사람은 어떻게든 살기 마련"이라는 옛말이 함께 떠올랐다. 아무리 생각해도 나 하나 없다고 세상이 크게 달라질 것 같지는 않았다.

'부모님은 결국 나를 가슴에 묻으시겠지. 동생은 취직해서 제 짝 만나 애 낳고 잘 살겠지. 남편은 새 아내를 얻을 것이고, 아이들은 새엄마 밑에서 자랄 거야. '엄마 어디 갔어?'라고 물어보다가 결국 새엄마를 '엄마'라고 부르겠지. 자기들 어릴 때 죽었으니까 날 기억하진 못할 거야. 직장에선 내 빈자리가 이미 채워졌을 테니 잊히는 건 순식간일 거고. 친구들과 선후배들은 내 얘길 하면서 건강관리 잘해야 한다고 결론을 내리겠지. 내가 없어지면 그걸로 끝인 거야. 아무것도 변하는 건 없어.'

'내가 죽으면 어떻게 될까?'라는 물음은 언제나 "젠장맞을,

도대체 왜 나야? 내가 뭘 잘못했기에 이런 지지리 궁상떠는 상상을 해야 해?"라는 억장 무너지는 혼잣말로 끝났다. 그리고 그런 날엔 항상 밤이 새도록 울었다. 낮엔 울 수가 없었다. 아니, 울 시간이 없었다는 말이 더 맞을지 모르겠다.

둘째를 낳은 뒤 한창 항암치료를 받던 2011년엔 유난히 내 또래 유명인들의 사망 뉴스가 잇따랐다. 유명 가수그룹 SG워너비의 멤버였던 채동하 씨와 MBC스포츠플러스의 송지선 아나운서가 스스로 목숨을 끊었다. 시나리오 작가였던 최고은 씨는 생활고와 병에 시달리다 집에서 숨진 채 발견됐다.

그런 뉴스를 보면 남의 일 같지 않았다. 가능한 한 젊은이들의 사망 소식은 접하지 않으려고 노력했지만 그게 말처럼 쉬운 일이 아니었다. 안타까운 죽음의 소식들은 갖가지 형태로 전해지고 또 전해졌다. '내 일은 아니겠지' 라고 애써 자신을 달래면서도 한편으로는 '내 일이 될 수도 있다' 는 서늘한 두려움에 시달렸다.

"몸은 많이 좋아졌지? 우리 건강하게 다시 만나야지."

문자로 가끔 안부 인사를 주고받던 한 지인이 어느 날 갑자기 사망했다는 소식이 들려왔다. 내가 자가 이식치료를 마친 지 한 달도 채 되지 않았을 때였다. 병이나 사고로 죽은 게 아니라 우울증 때문에 스스로 세상을 등졌다는 것이다.

그 소식을 듣고 나는 그저 멍하니 창 밖만 바라봤다. 맑았다. 밖에 나가고 싶었다. 나갈 수 없었다. 내 면역력은 유리보다 더 약했으니까. 당시 내가 할 수 있는 일이란 그저 그의 장례식에 참석한 다른 사람에게 부의금 5만 원을 부탁하는 것뿐이었다.

은행 홈페이지가 열려 있는 노트북을 덩그러니 내버려둔 채, 하늘 저 너머 어딘가에 있을 그에게 물어봤다.

"왜 그랬어요? 나는 죽을 만큼 살고 싶은데. 왜 그랬어요? 나는 죽을 만큼 살고 싶은데. 왜 그랬어요? 나는 죽을 만큼 살고 싶은데…."

내 입속에선 똑같은 질문만 계속 맴돌았다. 내 주먹은 내 가슴을 계속 때리고 있었다. 숨을 못 쉴 정도로 가슴이 답답했다. 눈물조차 흐르지 않았다.

연일 죽음의 소식을 접하면서 머릿속에 '베르테르 효과'라는 용어가 계속 맴돌았다. 알다시피 괴테의 소설 《젊은 베르테르의 슬픔》에서 유래한 말이다. 이 작품의 남자 주인공인 베르테르는 다른 남자의 연인인 한 여성을 짝사랑하다가 결국 권총 자살을 한다. 그 소설이 젊은이들 사이에서 크게 인기를 끌면서, 소설 속 주인공처럼 자살하는 청년들까지 생겨났다. 그래서 당시 유럽 일부 지역에선 발간이 금지되기도 했다.

암에 걸리기 전, '베르테르 효과'라는 말은 그저 내가 알고 있는 시사상식 용어 중 하나일 뿐이었다. 그러나 암 환자가 된 후, 그 말은 내게 섬뜩하면서도 왠지 모를 달콤한 느낌을 불러일으켰다. 난 그 느낌을 극도로 경계했다. 그것이 무엇을 뜻하는지 너무나 잘 알고 있었기 때문에. 그리고 그 묘한 느낌에 빠져 돌이킬 수 없는 선택을 해버리는 환자들도 봤기 때문에.

마음만 먹으면 얼마든지 냉소적으로 변할 수 있었다. '차라리 다 끝내버릴까?' 라는 위험하고도 유혹적인 속삭임이 문득문득 들려오기도 했다. 마음속 고통을 숨긴 채 피에로처럼 살아야 하는 일상이 너무나 지겨웠다.

행복한 죽음은 치열한 삶이 만들어준다

그런 나를 차분하게 달래준 시가 한 편 있었다. 마치 나이 지긋한 할아버지께서 내 어깨를 토닥여주듯이. 바로 도연명(365~427년)의 〈만가〉였다.

도연명은 중국 위·진·남북조(魏·晉·南北朝) 시기를 대표하는 시인이다. 벼슬을 버리고 고향으로 돌아가 은거하며 살겠다는 내용의 〈귀거래사(歸去來辭)〉로 널리 알려진 인물이다. 한시를 전혀 모르는 사람이라도 그의 이름 정도는 들어봤을 것이다.

도연명은 중국 남부 강주(江州, 지금의 장시성) 출신인데, 출생과 성장에 대해선 별로 알려진 바가 없다. 그의 부모 이름도 전해지지 않는 것으로 보아 매우 평범한 집안이었을 것으로 추측된다.

도연명이 살았던 시기는 난세(亂世)의 극치였다. 장강을 경계로 해서 북쪽에선 흉노족과 선비족 등 유목민족들이 저마다 나라를 세우며 흥망을 거듭했고, 남쪽에선 중원 지역을 잃고 쫓겨 내려온 한족이 왕조를 세워 수년이 멀다고 교체되는 상황이었다. 주요 관직은 모두 몇몇 권문세가 귀족이 꿰차고 앉았다. 이 때문에 많은 지식인이 시대의 어지러움을 피해 은자처럼 살아갔다. 도연명도 그런 지식인 중 한 사람이었다.

도연명은 이삼십대엔 가족의 생계를 책임지기 위해 몇 번 하급 관리가 되기도 했다. 하지만 결국 마흔한 살에 벼슬을 때려치웠고 평생 농사를 지으며 살았다.

도연명은 어려운 한자를 거의 쓰지 않는다. 남들이 제대로 알지 못할 수수께끼 같은 전고(典故, 고전의 한 구절이나 역사적 사실, 상징적 사물 등을 시어로 사용하는 한시 작법)의 남발도 별로 없다. 그는 시를 통해 일상을 조용하면서도 힘 있게 노래하며 그 안에 반짝이는 깨달음과 해학을 양념처럼 끼워 넣었다.

도연명은 427년에 〈만가〉와 더불어 〈자제문〉(自祭文, 자기 자신에게 남기는 제문)을 썼다. 그리고 그해에 62세를 일기로 세상을 떠났다. 마치 자기가 이승에서 할 일은 다 했다는 듯이 편안하게.

만가는 '상여를 지고 가는 사람들이 망자를 위해 부르는 노래'라는 뜻이다. 도연명은 이 시에서 자신을 이미 죽은 사람으로 묘사하고 있다. 육신을 갓 떠난 영혼의 눈으로 자신의 장례식을 찬찬히 바라본다.

'내 이름은 점점 잊힐 거야. 사람들은 나를 잃었던 순간의 슬픔도, 나와 함께했던 지난날의 즐거운 기억도 잊게 될 거야. 어차피 내 시신은 썩어서 흙으로 돌아갈 텐데 무슨 상관이 있겠나.'

담담하다. 담담함의 차원을 넘어 모골이 송연할 정도로 자신의 죽음에 대해 냉정하고 객관적인 시선을 유지하고 있다. 도연명에게 죽음이란 삶이라는 길의 끝임과 동시에 새로운 세상이 시작되는 지점이다. 생명의 유한함에만 집착했다면 결코 쓰지 못했을 작품이다. 지나온 삶에 대해 조금이라도 후회가 있다면 저토록 무덤덤하게 '내가 죽었다'고 말할 수 없을 것이다.

결국 죽음에 대해 이야기할 수 있다는 건 그만큼 열심히 살았다는 반증이기도 한 셈이다. 헛되지만 헛되지 않다. 삶이 있어야 죽음이 있고, 죽음이 없으면 삶도 없다. 도연명은 바로 그 점을 정확히 짚어냈다. 그는 그렇게 삶과 죽음의 갈림길을 옅은 미소를 띤 채 말없이 응시한다.

〈만가〉를 읽으면서 문득 떠오른 기억이 있다. 수습기자 시절 국립과학수사연구원(국과수) 견학을 갔던 때의 일이다. 국과수 방문은 수습기자 교육 과정에서 반드시 거쳐야 하는 코스였다.

그날 수습기자들 강의를 맡은 법의관은 사람이 죽은 후 시간이 흐르면서 시신이 어떻게 변해가는지에 대해 차분한 어조로 설명했다. 또 사망 원인에 따라 시신이 어떤 모습을 보이는지도 알려줬다.

당시 법의관의 강의 중 가장 기억에 남는 말은 이것이었다.

"법의학의 가장 근본적인 존재 의의는 인권 존중입니다. 시신은 자신의 존재로써 자신의 삶과 죽음의 순간을 증명합니다. 법의관의 역할은 바로 그들의 억울함을 풀어주고, 사라진 인연을 되찾아주고, 남은 이들을 감싸 안는 데 있다고 생각합니다."

강의가 끝나자 우리 수습기자 일행은 부검실로 인도됐다.

시신을 부검하는 과정을 직접 보여주기 위해서였다.

부검실에 들어올 땐 어떤 소리도 함부로 내선 안 된다. 사망한 사람에 대한 예의를 지켜야 하기 때문이다. 시신 보존을 위한 약물 냄새가 진동했지만 입술을 깨물며 참았다. 돌아가신 분 앞에서 징그럽다며 코를 막을 수는 없었다.

나는 맨 앞줄에 서 있었다. 내 앞엔 어느 오십대 남성의 시신이 있었다.

부검이 시작됐다. 법의관들이 시신에 메스를 댔고, 사진사가 부검 과정을 계속 찍었다. 그 과정을 보면서 이상하리만치 마음이 담담해졌다. 나는 부검이 끝날 때까지 꼼짝도 하지 않았다.

부검이 거의 끝나갈 무렵, 옆에 서 있던 경찰에게 물었다.

"저분은 왜 돌아가셨죠?"

"네, 학교 급식 식자재를 공급하는 일을 하셨던 분인데요. 물건을 운반하다가 엘리베이터 추락 사고를 당하셨어요. 엘리베이터 안에 혼자 있었는데 미처 비상벨도 누르지 못했던 모양입니다. 현장에 갔을 땐 이미 숨을 거둔 상태였죠."

"그런데 왜 부검을 하는 건가요?"

"가족이 요청했어요. 너무 갑작스럽게 돌아가셔서, 무슨 일로 그리되셨는지 이유라도 알고 싶다 하더라고요. 뇌진탕으로 즉사했을 것이란 처음 예상이 맞았네요. 자제분들도 아직 학생이던데 너무 안됐어요."

경찰과 대화를 나누면서 나는 마음이 경건해졌다. 부검대 위에 올려진 시신은 살아 있을 땐 누군가의 아버지였고, 남편이었고, 아들이었을 것이다. 돌아가신 그날에도 평소와 다름없이 열심히 자기 일을 했을 것이다. 죽음은 아무 예고 없이 찾아온다는 것을 눈앞에서 목격하면서 참 많은 생각에 잠겼다.

나는 국과수에서 보고 들은 내용을 다시금 되새겼다. 그리고 죽을까 봐 무서워질 때마다 도연명의 〈만가〉를 베껴 썼다. 떨어지는 눈물 때문에 잉크가 번지기도 했다. 그래도 계속 써나갔다. 그러는 동안 마음이 점점 편해졌기 때문이다.

시 속에서 도연명은 겉으로는 죽음을 이야기하고 있었지만 실은 삶이 얼마나 소중한지 일깨워주었다. 원귀 될 생각 같은 거 함부로 하지 말고 열심히 치료받으면서 삶의 순간순간 찾아오는 즐거움을 누리라고 내게 가르쳐주고 있었다.

도연명은 술 한잔을 들고 나를 찾아와 이렇게 말해줬다.

"이보게, 젊은 처자. 이 술 한잔 받게나. 사람은 자연에서 왔다가 자연으로 돌아가는 걸세. 그것은 하늘의 이치라네. 하늘의 도리를 지키기 위해선 살아서는 최선을 다해야 하고, 죽을 때가 되면 받아들여야 한다네. 죽음도 삶의 과정이라네."

그때야 비로소 내가 얼마나 어리석었는지 절실히 깨달았다. 난 죽음이 주는 허무함만을 생각했지, 진정 '행복한 죽음'을 위해 얼마나 치열하게 살아야 하는지는 생각하지 않았던 것이다.

희망을 버리기엔 너무 일렀다. 치료는 힘겨웠지만 내 몸은 서서히 회복되고 있었다. 내가 나를 소중히 여기지 않는 삶이 무슨 소용이 있을까 싶었다. '어차피 죽을 테지만, 이렇게 억울하게 당할 순 없다'는 오기가 생겼다. 내 좌우명은 단 여섯 글자로 정해졌다. "곱게 늙어 죽자."

암이 가져오는 가장 무서운 합병증, 절망

백척간두와도 같은 삶과 죽음의 경계선에서, 나는 될 수 있는 한 희망을 놓치지 않으려고 했다. 하지만 쉬운 일은 아니었다. 절망은 때와 장소를 가리지 않고 찾아왔다. 특히 대머리가 되고, 움직이는 시간보다 누워 있는 시간이 많아진 엄마의 모습에 상처받는 아이를 속수무책으로 바라봐야 하는 건 무엇보다도 끔찍한 일이었다.

어느 날, 큰애가 곁에 와서 내 머리를 살살 만지며 물었다.

"엄마, 왜 머리카락이 없어?"

"응, 조금 아야 해서 잠깐 깎았어."

"감기보다 아파?"

"응, 조금. 그래도 엄만 열심히 병균들을 무찌르면서 싸우고 있어."

"엄마, 이제 그만 아야 해. 싫어. 무서워. 나랑 놀아. 동생 안아줘."

사실 아이는 알고 있었다. 엄마의 병이 감기보다 훨씬 무서운 병이라는 걸. 어쩌면 '병균'을 무찌르지 못할 수도 있다는 것을 딸은 직감하고 있었던 것 같다. 엄마가 왜 놀이터로 나갈 수 없는지, 태어난 지 얼마 안 된 동생을 왜 제대로 안지 못하는지도

아이들을 키우면서 15세 이상 관람가인 TV 드라마나 영화를 본 지가 언제였는지 기억도 잘 나지 않는다. 아이들은 〈뽀로로〉에 열광하고, 〈파워레인저〉를 보며 악당을 물리치는 배우들의 액션을 따라 한다. 〈꼬마버스 타요〉를 보며 버스를 태워달라고 조르고, 〈로보카 폴리〉를 보면서 경찰차 소리를 흉내 낸다. 아이들과 어울리려면 각종 만화 캐릭터와 줄거리, 주제가를 익혀야 한다. 정신연령도 그 나이에 맞춰야 이야기가 통한다. 그러다 보면 어느새 나도 아이가 되는 느낌이다.

어렴풋이 알아버린 듯했다.

'아픈 엄마'가 아이에게 주는 충격이 얼마나 큰지 알게 된 건 2011년 4월 중순, 큰딸이 폐렴에 걸렸을 때였다.

열이 40도 넘도록 오르고 온종일 기침을 한 아이는 지칠 대로 지쳐 있었다. 집 근처 병원에선 아이에게 링거로 수액과 해열제를 맞혀야 한다고 했다. 아이들은 링거 주사를 놓을 혈관을 찾기가 어른보다 훨씬 어렵다. 간호사들은 큰딸의 왼팔에 이리저리 바늘을 꽂다가 혈관을 찾지 못하자 다시 오른팔을 바늘로 찔렀다.

다른 아이들이라면 울고불고 난리가 났을 상황이었다. 어른도 참기 힘든 통증인데 아이들은 오죽하랴. 그런데 큰애는 전혀 울지 않았다.

"많이 아프지? 미안해. 금방 끝날 거야."

"아니야, 이거 엄마도 했잖아. 엄마 팔에 주사 놓을 때 안 울었잖아. 나도 안 울어야 해."

아이의 그 말을 듣고 나는 하마터면 그 자리에 주저앉을 뻔했다. 온몸에 힘을 꽉 주고 간신히 버티고 서 있었다.

불현듯 내가 입원했을 당시 한 장면이 생각났다. 큰애가 어른들과 함께 병실로 찾아왔을 때 간호사가 들어와 내 팔의 링거 바늘을 교체한 것이다. 딸은 그 모습을 자기 마음에 콕콕 박아

두고 있었던 게 틀림없다.

면역력이 약한 나는 딸의 병실에 오래 있을 수도 없었다. 떨어지지 않는 발걸음을 옮기며 집으로 향했다. 눈물도 제대로 나오지 않았다. 그저 가슴만 주먹으로 쾅쾅 두드릴 뿐이었다. 나는 분명 패배자였다.

그러나 패배감에 젖어 있으면 나는 결코 자랑스러운 모습으로 살아갈 수 없었다. 그것은 곧 자랑스럽게 죽지도 못한다는 사실을 말했다. 나는 당당하게 살고 싶었다. 그리고 세상을 떠날 때도 당당하고 싶었다. 내 딸은 간호사들에게 그 작은 팔을 내밀며 그렇게 나를 일으켜 세웠다.

나는 거울을 보며 자신에게 말했다.

"죽을 때 죽더라도 지금은 살아남아야 한다. 암이 나를 이기느냐, 내가 암을 이기느냐 그것이 문제일 뿐이다. 그것만 생각하자."

내가 내 마음속의 벽을 넘어서기 위해 택한 방법은 '기록을 통한 좌절의 객관화'였다. 우선 암 환자로서 내가 할 수 있는 일과 할 수 없는 일을 구분했다. 치료를 거듭하면서 할 수 있는 일이 할 수 없는 일보다 점점 더 많아졌음을 하나씩 기록했다. '이젠 비 오는 날에도 우산을 쓰고 나갈 수 있다', '쓰레기를 혼자서 버리러 갈 수 있다', '아이들과 함께 모래를 만질 수 있다', '의사가 살을 빼기 시작해도 된다고 했다' 등등…. 사소하지만 내겐 중요한 일상의 신체적, 정신적 변화들을 다이어리에 적었다.

암 환자란 사실을 일부러 숨기지도 않았다. 난 가발을 거의 쓰지 않았다. 외출할 땐 모자를 썼지만, 가족이나 친구들 앞에 선 대머리를 드러냈다. 무엇 때문에 힘들었고, 무엇 때문에 외롭고 우울하다고 느끼는지 분명하게 이유를 밝혔다.

트위터와 페이스북 같은 소셜네트워크서비스(SNS)를 시작할 때도 프로필에 내 대머리 사진을 올렸다. 나 자신을 부끄럽게 여기고 싶지 않았고, 그럴 필요도 없었기 때문이다.

회사에도 주기적으로 찾아가 인사했다. 치료되는 모습을 보여주면서 내가 건강하게 복귀할 수 있다는 신호를 보내기 위해서였다. 나를 믿고 3년 가까운 기간의 휴직을 허락해준 회사에 감사의 표시를 하는 게 도리라고 생각했다. 지금 당장의 부끄러움 때문에 자기연민에 빠져 숨어버리는 것은 스스로를 더욱 절망의 수렁으로 몰아가는 일이었다. 그 수렁에서 헤어나오지 못하면 죽음에 이를 수도 있었다. 그런 면에서 절망은 암이 가져오는 가장 무시무시한 합병증일지 모른다.

언제 죽을지도 모른다는 고민을 한 경험은 '인생의 진정한 바닥은 어디일까' 라는 화두를 내게 던져줬다. 그리고 바닥에 쓰러져야 그 자리를 딛고 다시 일어설 수 있음을 가르쳐주었다.

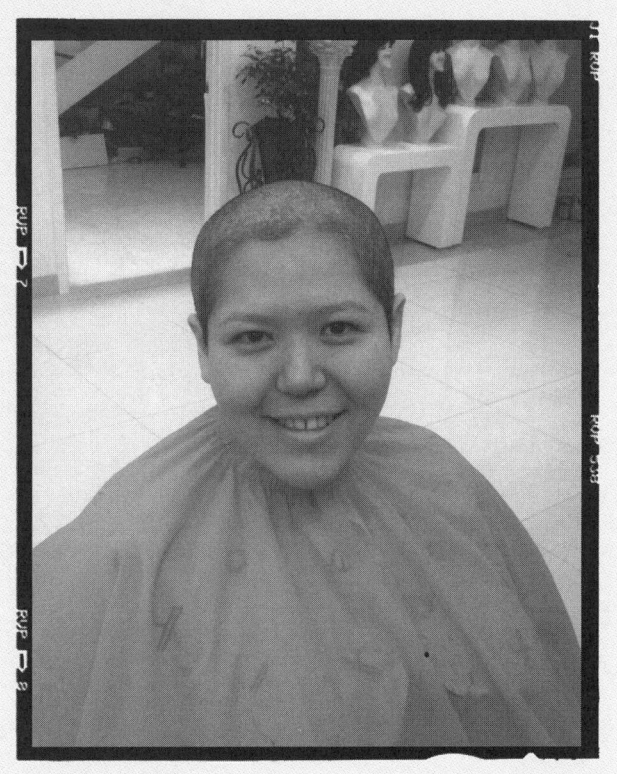

암 환자란 사실을 일부러 숨기지도 않았다. 난 가발을 거의 쓰지 않았다. 외출할 땐 모자를 썼지만, 가족이나 친구들 앞에선 대머리를 드러냈다. 무엇 때문에 힘들었고, 무엇 때문에 외롭고 우울하다고 느끼는지 분명하게 이유를 밝혔다.

트위터와 페이스북 같은 소셜네트워크서비스(SNS)를 시작할 때도 프로필에 내 대머리 사진을 올렸다. 나 자신을 부끄럽게 여기고 싶지 않았고, 그럴 필요도 없었기 때문이다.

지금까진 암 투병이 내 인생의 '바닥'이었지만 앞으로 살아가면서 더 많은 '바닥'을 만나게 될 것이다. 세월이 흘러가면서 더 깊은 '바닥'도 만나게 될 것이다. 물론 나이가 든다는 걸 상상하는 것은 내가 다 나았을 때를 가정하고 하는 이야기다. 내가 죽는다면 여러 '바닥'을 만날 기회도 함께 없어질 테니까.
　자신의 가장 낮은 곳을 내려다볼 수 있어야 비로소 높은 곳도 꿈꿀 수 있음을 조금은 이해하게 됐다. 난 내 병이 정말 싫지만, 그런 인생의 가르침을 안겨줬다는 점에서만큼은 고마움을 느낀다.
　죽음 곁에 아주 가까이 다가갔던 이후부터 나는 여건이 허락하는 한 친구나 직장 동료, 선후배 등 지인들과 관련된 장례식장엔 꼭 간다. 직접 가지 못하면 부의금이라도 부치려고 노력한다.
　어떤 방식으로, 어떤 모습으로 살았든 사람은 누구든지 자신의 흔적과 이야기를 남긴다. 누군가에겐 그 흔적이 시대를 뛰어넘어 사랑받는 문학작품일 수도 있다. 살아생전에 남겨둔 재산이나 명예일 수도 있고 훌륭한 자식일 수도 있다. 또 비록 세상에 자랑스럽게 내세울 만한 게 없다고 하더라도 이 세상 수많은 사람에겐 각자 자기만의 인생 사연이 있고, 자기 가족과 나눴던 희로애락이 있다. 누구도 그 생사 순환을 마음대로 침범할 수 없다. 모두가 보석같이 소중한 존재이기에.

장례식장에서 슬픈 표정으로 손님들을 맞는 지인을 보면 그와 돌아가신 분 사이에 공유됐던 추억이 참 많았을 것이란 생각이 든다. 사람은 죽어도 추억은 끊어낼 수 없다. 추억은 이야기가 되어 시간이 흘러가도 계속 전해질 것이다. 언젠가는 사라질 기억이라 해도 어딘가엔 꼭 남아 있을 테니까. 그래서 결혼식은 못 가도 장례식엔 꼭 참석하려고 마음먹게 됐다. '살아 있는 자'가 '기억되는 영혼'으로 변하는 순간이야말로 이 세상에 남은 자들에겐 가장 서글픈 일이니까.

"Hodie Mihi, Cras Tibi(호디에 미히 크라스 티비)."

'오늘은 나에게, 내일은 너에게'란 뜻의 라틴어 격언으로 죽음 앞엔 모두 평등하단 뜻이다. 가톨릭 공동묘지 앞에 가면 쓰여 있다.

가끔 이 말을 떠올린다. 시기에 상관없이 언젠가 나는 죽을 것이기 때문이다. 그것이 림프종 때문일 수도 있고, 아닐 수도 있다. 바로 지금이 될 수도 있고, 수십 년이 흐른 후 어느 날이 될 수도 있다.

두렵지만 두렵지 않은 미묘함, 그것이 내가 지금 죽음을 바라보는 감정이다. 하늘이 도와서 내가 더 나이를 먹어갈 수 있다면 죽음을 대하는 나의 자세도 조금은 더 여유로워질 수 있으리라 생각한다. 아직은 내게 그럴 아량은 없다. 젊으니까, 세상을 덜 살았으니까.

 나는 어떤 모습으로 죽게 될까. 훗날 내 죽은 모습을 보며 내 영혼이 스스로 자랑스러워할 수 있기를.

8장
상처 많은 나무가 아름다운 무늬를 남긴다

사람에겐 슬픔과 기쁨, 이별과 만남이 있고,
달에겐 어둠과 밝음, 둥글어짐과 이지러짐이 있으니
이는 예로부터 그 누구도 바꿀 수 없는 일이라네.
다만 그대와 오래오래 같이 살면서
저 멀리 천 리 길 떨어져 있는 보름달 함께 보고 싶을 뿐.

人有悲歡離合　인유비환리합
月有陰晴圓缺　월유음청원결
此事古難全　　차사고난전
但願人長久　　단원인장구
千里共嬋娟　　천리공선연

- 소동파의 〈수조가두〉 중에서

상처 많은 나무가 아름다운 무늬를 남긴다

2010년 11월 둘째를 낳기 한 달 전, 나는 신경이 매우 날카로워져 있었다. 하긴 무균 병동 비닐커튼 안에서 지내는 대머리 임신부가 언제라고 정신이 멀쩡하겠는가만.

자다가 갖가지 악몽에 시달릴 때도 많았다. 아이를 낳다가 출혈이 멈추지 않아 죽는 꿈을 꾸기도 하고, 아이가 태어나자마자 죽는 꿈을 꾸기도 했다. 또, 기형아를 낳아서 사람들이 "저 아이는 갖다버리는 게 낫다"며 나와 아이를 떼어놓는 꿈을 꾸기도 했다.

무서웠다. 하지만 그 어지러운 마음을 가족에게 몽땅 털어놓을 수는 없었다. 이미 가족은 내가 암 환자가 됐다는 사실 자체로도 돌이킬 수 없는 충격을 받았으니까. 그렇다고 해서 혼자 계속 끙끙거리며 가슴앓이를 할 수는 없는 노릇이었다. 그런 스트레스는 뱃속 아기에게 해가 될 것 같았다.

나는 나름대로 큰 결심을 하고 병동 담당 레지던트를 찾아갔다. 정신건강의학과 의사와 상담하고 싶다고 요청하기 위해서였다. 조금이라도 심적 부담과 두려움을 떨쳐내고 싶었다. 정신과를 찾는다는 게 자존심이 상하는 일이긴 했지만, 그래도 용기를 냈다.

"선생님, 저 정신과 상담 좀 받아보고 싶어요."

"아, 그러세요? 알겠습니다."

병동 주치의는 상냥하고 가벼운 목소리로 짧게 대답했다. 그런데 내겐 그 해맑고도 아무렇지 않다는 반응이 더 불편했다.

'이봐, 이게 대수롭지 않게 보여? 나는 중대한 결심을 하고 온 거란 말이야!' 라고 말하고 싶었지만 꾹 참았다. 암 환자에게 정신과 상담을 받는 건 항암치료 매뉴얼에서도 적극 권장되고 있었고, 레지던트는 거기에 충실하게 답해줬을 뿐이니까.

처음 보는 젊은 의사가 병실로 찾아왔다. 단정하고 예쁜 의사의 모습을 보면서 속으로 정말 부러웠다.

"안녕하세요, 정신건강의학과에서 왔습니다."

"아, 그러세요? 와주셔서 감사합니다."

의사는 침대 옆 의자에 앉아서 뭔가를 적으며 내게 이것저것 물어봤다.

"이미아 님, 밥은 잘 드시고 잠도 잘 주무시나요?"

"네, 그건 별로 이상이 없어요."

"지금 기분은 어떠세요?"

"많이 불안해요. 억울하기도 하고요. 나이도 얼마 먹지 않았고, 무슨 큰 죄를 지은 것도 아닌데 왜 이런 일을 겪어야 하는지 모르겠단 생각뿐이에요."

"맞아요, 충분히 그런 마음이 들 수 있어요."

"어떻게 하면 좋을까요?"

"이미아 님 본인을 하늘이라고 가정해보세요. 하늘은 맑을 때도 있지만 흐리고 비를 내리기도 하잖아요. 암에 걸린 것도 살면서 만날 수 있는 일종의 먹구름이나 비바람이라고 생각하면 어떨까요? 먹구름도 언젠가는 물러가고, 비바람도 그치고, 하늘은 다시 맑아지죠."

"하늘이라…."

"마음이 아프다고 자기 입으로 말할 수 있다는 건 그만큼 정신력이 강하단 뜻이니 너무 걱정하지 마세요. 진짜 우울증에 빠지면 자기 마음을 쳐다보기도 싫어지거든요. 힘드시겠지만 조금만 더 기운 내서 자신을 위로해보세요. 기분 내키는 대로 흘러가게 내버려두기도 하고요. 별다른 처방은 필요 없을 것 같습니다."

정신과 의사는 내 손을 한 번 꼭 잡아준 뒤 돌아갔다.

의사 입장에선 '별다른 처방'이 없었겠지만 의사가 해준 말은 내게 참 '별다르게' 느껴졌다.

"나를 하늘로 생각하라니. 귀신 씻나락 까먹는 소리 하네. 배는 남산처럼 불러서 암에 걸렸는데 그걸 구름 흘러가는 것처럼 생각하란 말이야? 아예 도를 닦으라고 해라. 에이, 잠이나 자자."

나는 혼잣말로 몇 마디 투덜거리다 낮잠이나 자야겠다고 누웠다.

시간, 넌 누구 편이니?

병동에 입원해 있을 때는 시간이 정지된 느낌이었다. 물론 그런 느낌은 그저 마음속 절망이 불러일으키는 착각일 뿐이란 걸 알고 있기는 했다. 시간은 분명 흐르고 있었으니까.

백혈구 수치가 1,000이 넘는 날엔 잠깐이나마 병실을 나와 마스크를 쓰고 복도를 걸을 수 있었다. 그렇게라도 운동을 하지 않으면 몸이 완전히 굳어버리는 느낌이었기 때문에 혈액 수치가 좀 괜찮다 싶은 날엔 꼭 복도를 걸었다.

서울대학교병원 본관 맞은편엔 커다란 시계탑 건물이 있다. 가끔 걷기 운동을 하다가 복도 휴게실 창문 너머로 그 시계탑을 물끄러미 쳐다보곤 했다. 시계탑의 시곗바늘 방향은 늘 달랐다.

아무 변화 없는 나의 하루와 무심히 움직이는 시계탑의 시곗바늘 모습이 선명히 대비됐다.

하루는 시계탑과 대화를 나누는 기분으로 이렇게 물었다.

"야, 너 거기 시계탑. 나 언제쯤 여기서 나갈 수 있을 것 같아?"

"그걸 내가 어떻게 알아?"

"넌 여기서 백 년 넘게 살았잖아. 나 같은 사람들 엄청 많이 봤을 것 아냐. 그러니까 대충 좀 알 수도 있지 않아?"

"언젠간 나가게 돼 있어. 죽든, 살든."

"그러니까 그게 언제일 것 같아? 난 네 시곗바늘이 돌아가는 걸 볼 때마다 미칠 것 같다고. 그리고 누가 죽어서 나가고 싶대? 난 살아야 한단 말이야."

"너 지금 살아 있잖아. 살려고 여기 와 있는 거잖아."

"무슨 말을 하고 싶은 거야?"

"네가 앓고 있는 악성림프종 말이야. 10년 전만 해도 죽는 사람이 사는 사람보다 더 많았던 병이야. 그런데 지금은 달라졌어. 넌 완치될 수 있다고 의사도 말했잖아."

"이런 병 안 걸리고도 평생 잘 사는 사람들 많잖아. 그런데 왜 나여야 하지? 왜 내가 걸려야 해? 내가 도대체 무슨 잘못을 한 거야? 왜 이 꼴로 네 앞에 서 있어야 하느냐고."

"여기 오는 사람들 중에서 그런 사연 하나 없는 사람 있는 줄 알아? 너만 불행하다 착각하지 마."

"이 자식이 점점…."

시계탑과 대화 놀이를 하다가 혼자 열 받고 말았다. 애먼 시계탑을 향해 원망을 쏟아내려는 순간, 시계탑이 말을 이었다.

"사고로 한순간에 죽는 사람들 생각해봐. 재발에 재발을 거듭하는 사람들, 어떤 항암제도 듣지 않아서 결국 퇴원하는 사람들 많이 봤잖아. 넌 지금 나한테 투정부리는 거야. 네 모습이 싫어서 말이야."

"그, 그건…. 그래, 맞아. 난 지금의 내가 너무 싫어."

"내 시곗바늘은 돌고 돌 거야. 그리고 너의 모습도 점점 달라질 거야. 언젠간 말이지, 네가 내 앞에서 이런 이야기를 했다는 것조차 잊게 될 거야."

"정말…. 그럴까?"

"시간을 소중하게 생각해봐. 시간과 함께 변하는 너를 봐. 여기 와 있는 걸 부끄럽게 생각하지 마. 네가 지금 나를 향해 고개를 들고 서 있는 것처럼, 나도 널 그렇게 보고 있어. 내가 해줄 말은 이것뿐이야. 내 말이 무슨 뜻인지 좀 지나면 알게 될 거야."

문득 정신을 차리고 보니 나는 창문 너머 시계탑이 아니라 창문 유리에 반사된 내 모습을 보고 있었다. 나와 이야기를 나눈 건 병원 시계탑이 아니라 바로 나 자신이었다. 내 가슴속 절망과 희망이 서로 설전을 벌였고, 희망이 이긴 것이다. 나는 시계탑을 바라보며 희미하게 눈물 섞인 미소를 지었다.

다시 돌아온 내 자리

암 진단을 받은 후 두 번의 가을이 지나갔다. 영원히 멈출 것 같았던 시간이 흐르고 있었다. 몸으로 느끼는 시간의 흐름은 점점 더 빨라졌다.

병원을 드나드는 내 몸과 마음도 계절이 변하듯 달라져갔다. 암을 처음 만났던 가을날의 하늘은 맑았다. 맑아서 슬펐다. 두 번째 가을은 이식치료 직후라 밖에 제대로 나가지 못해서 어찌 지나가는 줄도 몰랐다.

그리고 세 번째 가을이 가까워질 무렵, 난 더는 날씨를 상관하지 않았다. 맑으면 맑고 흐리면 흐린 것이지, 그 이상도 이하도 아니었다. 날씨의 변동에 내 마음을 맡길 필요가 없었다. 그만큼 나는 건강을 되찾아가고 있었다.

마침내 세 번째 가을을 맞이했다. 2012년 9월 28일은 내가 림프종 4기 판정을 받은 지 만 2년이 되는 날이었다. 혈액 수치는 정상 범위를 유지하고 있었고, 머리숱도 다시 많아졌다. 이제는 머리카락 날리는 게 싫다고 미리 밀어버리지 않아도 됐다. 가발과 모자도 필요 없어졌다. 비 오는 날에도 밖에 나갈 수 있고, 여행도 다닐 수 있고, 쓰레기도 버리러 나갈 수 있게 됐다. 장도 보러 갈 수 있고, 요리도 할 수 있었다. 의사도 "정식으로 완치 판정을 받으려면 만 5년이 지나야 하지만 이젠 완쾌됐다고 볼 수 있습니다. 이대로만 가면 됩니다"라고 말했다.

2년 전, 아픈 엄마의 뱃속에서 꿈틀거렸던 둘째는 생후 22개월의 장난꾸러기 아들이 됐다. 애교 넘치는 눈웃음을 지으며 까르르 웃고 옹알이를 하다가도, 한번 삐치면 바닥을 구르곤 한다. 그런 둘째를 볼 때마다 절로 웃음이 났다.

빡빡머리인 내게 "의사 선생님 돼서 엄마 고쳐줄 거야"라고 말하던 큰애는 다섯 살 꼬마숙녀가 됐다. "엄마, 나 말이야, 커서 쪼꼬렛 슈퍼마켓 사장님 될 거다. 근데 아직은 쪼꼬렛 사장 아니니까 엄마가 사줘"라고 너스레를 떨곤 한다.

이제 곧 일터로 돌아갈 수 있다. 휴직자 신분을 벗어나 다시 기자로 일할 수 있어 다행이다. 그리고 무엇보다도, 월급이 찍힌 급여통장을 다시 볼 수 있다고 생각하니 너무나 행복했다. 돈이 얼마나 강력하고 지독하게 사람을 쥐락펴락할 수 있는지 투병 기간 절실히 깨닫고 경험했기 때문이다.

추석 이틀 전인 9월 28일, 남편과 함께 아이들을 데리고 친정에 가서 인사를 드렸다. 우울했던 작년, 재작년과 달리 밝은 분위기로 가득했다. 모든 게 '2년 전 그날'과는 180도 달라져 있었다.

친정에서 집으로 돌아오는 길에 하늘을 올려다봤다. 이틀만 지나면 완전히 둥글어질 달이 훤하게 빛나고 있었다.

"아…, 이제 모레면 보름달이 되겠네"라고 말하는 순간, 2년 전 정신과 의사가 내게 해줬던 말이 생각났다. '자신을 하늘이라고 생각해보라'던 그 말. 그저 그런 상담으로 치부해버렸던 그 말이 그 순간에 문득 떠오른 것이다. 정말로 먹구름이 걷히고 있었다. 나의 하늘은 다시 맑아지려고 채비를 하고 있었다.

"밍 웨 지 스 유, 바 쥬 원 칭 톈…."

어느새 나도 모르게 중국 가요 한 자락을 부르고 있었다. 중화권 최고의 가수로 통하는 대만 출신 여가수 등려군의 〈단원인장구(但願人長久)〉였다.

집에 와서 오랜만에 그 노래를 들어봤다. 피아노 반주에 맞춰 흘러나오는 등려군 특유의 청아하고 따뜻한 목소리가 내 마음을 편안하고 차분하게 어루만졌다.

이 노래의 가사는 바로 소동파의 〈수조가두〉에서 가져왔다.

소동파가 마흔한 살 때 추석날 보름달을 보며 지었다는 이 시는 중국에서 중추절 카드에 빠지지 않고 등장할 정도로 매우 유명하다.

〈수조가두〉엔 다음과 같은 서문이 붙어 있다.

"중추절에 밤을 새우면서 다음 날 새벽녘까지 술을 마셨다. 술에 취해 멀리 떨어져 있는 내 아우 자유(子由, 소철의 자)를 그리워하며 이 글을 썼다."

소동파와 소철(1039~1112년)은 우애가 깊기로 소문난 형제였다. 소동파는 하나뿐인 동생 소철을 유난히 아꼈다. 형과 함께 구법당에 속한 터라 소철의 벼슬살이도 어렵기는 마찬가지였다. 형제는 조정의 탄압을 받으며 각지를 떠돌아야 했고, 그 때문에 서로 떨어져 지낼 때가 많았다.

온 가족이 모여서 즐거운 잔치를 열어야 할 추석날, 소동파는 보름달을 벗 삼아 외로이 술을 마신다. 하지만 그는 동생을 향한 그리움과 슬픔을 안으로 삭이고, 달의 조화와 인간의 운명을 비교하며 넓은 아량과 포용력을 드러낸다.

달은 초승달에서 반달로, 보름달로 커지다가 다시 반달로, 그믐달로 작아지길 반복한다. 사람도 살다 보면 뜻하지 않게 슬픔을 겪기도 하고, 또 기쁜 일을 맞기도 한다. 사랑하는 사람을 만났다가 헤어지기도 한다.

달의 모양이 매일 변하는 게 우주의 이치듯이, 인생길의 굴곡도 피할 수 없는 숙명이다. 그건 누구도 바꿀 수 없는 일이다. 변할 수 없는 것을 변해야 한다고 우기는 건 바보 같은 짓이다. 반대로, 변해야 하는 것을 변하지 말라고 막는 것도 아집에 지나지 않는다.

소동파는 빙그레 웃으며 말한다.

"자, 자, 걱정하지 말자고. 이게 인생이니 어쩌겠나. 한평생 웃고 살면서 저 아름다운 보름달의 정취를 즐기자고."

그는 현실을 직시하지만, 그 현실로부터 자신을 어느 정도 떼어놓을 줄도 안다. 두 발은 땅 위에 단단히 서 있지만 두 눈은 하늘을 바라보고 있다. 어떤 풍파가 몰아닥쳐도 삶을 대하는 유연한 자세를 버리지 않는다. 달이 아무리 작아져도 그 빛을 잃지 않듯이.

"그래, 애쓰지 말자."

이 말 한마디를 하기가 그토록 어려운 일인 줄은 미처 몰랐다. 암 진단을 받은 지 2년이 지나고 나서야 나는 비로소 예전에 정신과 의사가 내게 해준 말의 의미를 깨달았다.

자신을 하늘이라 생각해보라고 말한 건 살아가면서 언제 닥칠지 모르는 급격한 변화에 일일이 집착하지 말라는 뜻이었다. 하늘의 모습이 변해도 하늘 자체가 무너지는 일은 없으니까. 그리고 나의 하늘이 언젠가 끝날 날이 온다 해도, 나를 품고 기억해주는 새로운 하늘이 있을 테니까.

2012년 9월 30일. 추석을 맞아 시댁에 가서 시댁 식구들과 함께 차례를 지내고, 다 같이 어울려 놀았다. 시아버지 산소에 가서 성묘도 했다. 매년 명절이면 했을 이 모든 평범한 일을 지난 2년간 나는 하지 못했다.

추석 연휴를 마치고 집으로 돌아온 다음엔 외할머니 묘소를 찾아갔다. 부족한 솜씨긴 하지만 전과 고기를 준비하고, 과일과 술을 챙겨 갔다. 울지 않았다. 기뻤다. 자랑스럽기도 했다. 속으로 가만히 할머니께 말씀드렸다.

"할머니, 저 돌아왔어요. 저 이제 모자도 안 써요. 머리 많이 자랐죠? 아이들도 제 손으로 안고 다닐 수 있어요. 할머니, 이젠 속상하게 해드리지 않을게요."

난 먼 길을 돌고 돌아 되찾은 건강을 다시 잃고 싶지 않았다. 내 몸을 오래오래 건강하고 아름답게 간직하고 싶었다. 병들어 초라해진 내 모습을 또다시 보긴 싫었다. 후회하고 싶지 않았다. 이왕이면 스스로에 집중하는 시간을 늘리고, 하고 싶은 일을 하면서 내 나름대로 가치 있게 새로이 살아보겠다고 다짐했다.

생전 가야 보지 않던 패션잡지와 육아 · 생활 잡지를 읽기 시작했다. 항암치료를 하는 동안 제대로 챙겨 보지 못했던 일간지들도 다시 손에 들었다. 한때 눈물 가득 찬 눈으로 읽었던 한시와 역사서들도 이젠 편안한 마음으로 읽을 수 있었다.

젊은 나이에 예상치 못한 중병으로 저세상에 갈 뻔했다가 목숨을 건진 경험은 내 가슴에 깊고 큰 상흔을 남겼다. 하지만 그 상처에만 매달려 앞으로 살아갈 날들을 헛되이 할 수는 없었다.

이젠 독하게 살을 뺄 때

림프종치료를 마무리했을 당시 내 몸매는 말할 수 없이 망가져 있었다. 원래 뚱뚱했던 내 몸은 출산 뒤 거듭된 항암치료와 이식치료로 더욱 살이 쪄서 결국 고도비만이 돼버렸다. 몸은 거의 움직이지 못한 채 먹기만 했으니까.

그렇다고 치료 중엔 섣불리 살을 뺄 수도 없었다. 면역력이 바닥을 기고, 빈혈에 시달리는 혈액암 환자가 함부로 다이어트를 하면 체력이 떨어져 치료에 지장을 줄 수 있기 때문이었다. 그래서 조혈모세포 이식 후 100일이 지난 뒤부터 정기 진료를 받으러 갈 때마다 '언제쯤 살을 빼도 되느냐'고 묻곤 했다. 그렇지만 매번 돌아오는 답은 '조금만 더 기다리라'였다.

담당의사가 내게 '이제 살을 빼도 좋다'고 한 건 2012년 6월이었다. 의사가 다이어트를 허락했다는 건 곧 암이 거의 치료됐다는 뜻이었다. 병의 재발을 막고 체력을 회복하기 위해선 몸에 덕지덕지 붙어 있는 체지방을 걷어내야 했다.

화장대 거울 앞에 서서 내 얼굴과 몸을 여기저기 차근차근 살펴봤다. 머리카락은 잘 자라나고 있었다. 하지만 얼굴은 부을 대로 부어 있었다. 허리 사이즈가 자그마치 39인치나 됐다. 출근할 때 입었던 정장 바지가 허벅지 위로 올라가질 않았다. 내 몸은 빵빵한 풍선 같은 상태였다. 그것도 지방세포로 꽉꽉 들어찬 위험한 풍선. 이런 내 몸을 그대로 뒀다간 또다시 무슨 병이 덮칠지 알 수 없었다.

이런 상황을 개선하려면 두 가지가 필요했다. 다이어트와 운동이었다. 오랜 기간 독한 항암치료를 받느라 약해질 대로 약해져 있을 간을 감안해 한방이든 양방이든 상관없이 약물을 이용한 다이어트는 배제했다. '덴마크 다이어트' 같은 초저열량 특수 식단을 통한 다이어트도 내겐 맞지 않았다. 자칫 잘못하다간 살 빼다가 체력이 바닥나버릴 위험도 있기 때문이다. 내가 할 수 있는 건 오로지 균형 잡힌 식단과 규칙적인 운동이라는 교과서적인 방법뿐이었다. 가장 시간이 오래 걸리는 것일지라도 어쩔 수 없었다.

의사는 내게 피트니스 센터에서 퍼스널트레이닝(PT) 강습을 받으라고 권했다. 물론 PT 레슨은 비용이 꽤 드는데다가 단기간에 효과가 나타나는 것도 아니었다. 하지만 전문 트레이너의 도움을 받으며 바른 자세로 운동하고 식단을 적절히 조절하면 요요현상을 줄일 수 있다고 했다.

나는 PT 상담을 위해 집 주변 피트니스 센터들을 찾아다녔다. 그런데 이때 큰 '실수'를 하고 말았다. 암을 앓았던 사람이라고 '너무나 정직하게' 털어놓은 것이다. 피트니스 센터 직원들은 처음엔 상담에 적극 응했으나 "제가 작년까지 림프종치료를 받았습니다"라는 말을 들으면 하나같이 표정이 굳어졌다. 그렇게 나는 세 곳의 피트니스 센터에서 퇴짜를 맞았다.

정기 진료 때 이 사실을 얘기했더니 의사는 어이없다는 듯 나를 보며 말했다.

"암 환자였다는 걸 왜 알려줬어요? 부담되니 당연히 안 받아줬겠죠. 그래도 너무 걱정 마세요. 받아주는 곳이 있을 테니까."

네 번째 찾아간 피트니스 센터는 규모는 조금 작았지만 개인 PT만을 전문으로 하는 곳이었다. 나는 집 앞에 붙어 있던 전단지를 보고 그곳을 찾아갔다. 그리고 내 앞에 앉은 트레이너에게 자포자기의 심정으로 털어놨다. 내가 림프종 환자였으며, 작년 가을에 자가 조혈모세포 이식치료를 받았노라고. 더는 아프고 싶지 않아서 몸을 만들려 찾아왔다고. 이미 세 군데에서 거절당

했으니 뭐라 하든 상관없다고.

그런데 그는 내게 혈액 수치를 물어보더니 "이 정도면 괜찮습니다. 병원에서도 해도 된다고 했다면서요. 그러면 된 겁니다"라고 말했다. 그리고 언제부터 등록하겠느냐고 물었다.

PT 강습을 등록하고 집으로 돌아오면서 마음이 뿌듯하면서도 착잡했다. 운동을 할 수 있을 정도로 몸이 회복됐다는 건 정말 기뻤다. 하지만 암에 걸렸다가 생존한 사람들에 대해 사회가 얼마나 차가운 시선을 보내는지도 적나라하게 알게 됐다. 참 서글픈 일이다.

PT 첫날, 워밍업을 위해 트레드밀 위에 올라간 나는 내 체력이 얼마나 엉망인지 금방 확인할 수 있었다. 아프기 전엔 속도 5~6 정도로 파워워킹 운동을 할 수 있었다. 하지만 그날 나는 속도 3으로 5분을 걷는 것조차 힘들었다. 5분이 그렇게 길게 느껴질 수가 없었다.

근력운동을 할 땐 더욱 비참했다. 나는 0.5킬로그램짜리 아령도 제대로 들어 올리지 못했다. 특히 이식치료 당시 오른쪽 가슴에 히크만 카테터를 몇 달 동안 달고 지내면서 오른쪽 상체를 제대로 쓰지 못한 탓에 오른팔이 어깨선 위로 올라가지 않았다. 조금이라도 팔을 올려보려고 하면 어깨에 극심한 통증이 왔다.

나는 기운이 빠진 채 담당 트레이너에게 물어봤다.

"선생님, 저 잘할 수 있을까요?"

트레이너의 대답은 간단명료했다.

"몸은 정직해요. 내가 하는 만큼 보답하죠."

2012년 7월, 운동을 한 지 한 달이 지나면서 몸이 본격적으로 달라지기 시작했다. 늘 말썽이던 오른팔도 점점 제대로 움직여주었다. 옷 사이즈도 조금씩 줄어들었다. 얼굴선도 점차 제자리를 찾아갔고, D라인이었던 허리도 I라인으로 변하고 있었다.

날씨가 조금씩 쌀쌀해지기 시작한 2012년 10월, '하체 근력 운동의 꽃'으로 불리는 스쿼트 운동을 본격적으로 시작했다.

스쿼트는 허벅지 근력을 키우고 다리를 예쁘게 만들어주는 운동이다. 하지만 이 동작을 할 때는 나도 모르게 "악!" 소리가 나온다. 마치 허벅지 위에 불을 올려놓은 것 같이 근육이 따끔거리고 살이 덜덜 떨리는 기분이다. 트레이너는 옆에서 열심히 '갈구며' 나를 독려했다.

"회원님, 벌써부터 다리 풀리면 안 돼요! 조금 더! 더! 더!"

함박눈이 내리기 시작한 2012년 12월, 일자였던 내 허리에 곡선이 나타나기 시작했다. 트레드밀 위에서 속도 8로 달릴 수도 있게 됐다. 근력운동 때 쓰는 아령의 무게도 3~4킬로그램으로 늘었다. 오른쪽 어깨의 통증도 없어졌다. 자신감을 얻은 나는 평소에도 엘리베이터 대신 계단으로 다녔다. 비록 여전히 비만이었지만 몸은 확실히 변하고 있었다.

운동할 때 마음가짐 또한 운동을 시작할 때와는 많이 달라졌다. 처음엔 몸에만 집중했다. 내 몸을 교정 대상으로만 생각했다. 내 몸이 미웠고, 내 몸이 보기 싫었고, 내 몸에게 미안했다. 그러나 시간이 지나면서 나는 운동을 통해 나 자신을 돌아보게 됐다. 가쁜 숨을 몰아쉬며 운동을 하다 보면 내 마음속 깊은 곳에 여전히 똬리를 틀고 있는 '암에 대한 증오'와 마주할 때가 있다. 그 증오심은 나를 우울의 수렁으로 몰고 가려고 끊임없이 기회를 노린다. "암에 안 걸렸다면 난 더 행복했을 텐데"라고 말하게 한다.

운동은 그런 증오심이 나를 지배하지 않도록 도와주었다. 운동하고 있는 내 몸은 영혼에게 말한다.

"그건 이미 지나간 일이야. 지금 이렇게 움직이고 있잖아. 넌 '지금 여기' 살고 있는 거야. 앞으로 더 아름다워질 수 있어."

운동할 때 전신 거울을 바라보며 나는 마음속으로 내 몸에게 말했다.

"미안하다. 네가 주인 잘못 만나서 고생이 많다. 널 다시 건강하고 예쁘게 되돌려놓으마."

그러는 한편 식이조절에도 신경을 썼다. 매 끼니 '고고하게' 닭가슴살구이와 토마토, 오이, 밥 3분의 1공기를 고수했다. 가족 모임이나 외부 약속 때문에 가끔 다른 음식들을 먹더라도 배가 60퍼센트 정도 찼다 싶으면 수저를 놓았다.

매일 식사 일기도 썼다. 무심코 먹은 과자 한 조각, 음료수 한 모금까지 전부 기록했다. 식사 일기가 귀찮아질 땐 프랑스의 미식가 브리야 사바랭이 남겼다는 명언을 떠올렸다.

"당신이 무엇을 먹었는지 말해달라. 그러면 당신이 어떤 사람인지 알려주겠다."

난 이왕이면 좋은 것을 먹는 근사한 사람이 되고 싶었다. 그리고 식사 일기는 그런 내 하루하루의 노력을 반영하는 훌륭한 거울이었다.

항암치료가 한창일 땐 꿈도 못 꾸던 일이었다. "치료를 견디려면 먹어야 해"라고 외치며 숟가락과 젓가락을 꼭 쥐고 음식들을 '전투적으로' 입에 쑤셔 넣던 2010년, 2011년과는 천양지차라고나 할까. 앞으로도 배불리 먹지는 못할 것이다. 평생 관리해야 할 몸이니까.

언젠가는 죽겠지만, 지금은 아니다

누구에게나 시간은 똑같이 주어진다. 그 시간을 얼마나 길게

나는 결코 완벽한 엄마가 될 수는 없다. 그리고 굳이 완벽한 엄마가 되려고 애쓰지도 않는다. 다만 세상을 살아가는 데 꼭 필요한 '마음의 면역력'은 아이들에게 물려줄 수 있을 것 같다. 그 힘을 주기 위해선 내가 먼저 강해져야 한다고 생각한다. 그 길이 쉽진 않겠지만, 그래도 걷고 또 걸을 것이다. 나는 엄마니까.

가질 수 있는지도 중요하지만, 자신이 받아든 시간을 어떻게 활용할지 고민하고 실천하는 게 훨씬 더 중요하다고 생각한다.

나도 언젠가는 죽을 것이다. 그래도 아직은 내 인생의 마지막이 어떤 모습일지 미리부터 고민하고 싶진 않다. 그럴 고민을 할 단계도 아니다. 한 번 죽을 뻔했다는 이유로 벌써부터 삶의 마지막을 논하겠다고 덤벼든다면 그건 대단히 오만한 짓이며 자기연민일 뿐이라고 생각한다.

젊어서 죽지 않게 해준 신의 뜻에 감사한다. 살아갈 날이 훨씬 많이 남아 있다는 희망을 다시 찾을 수 있었으니까.

삼십대 초반. 젊다. 경험해야 할 일이 경험한 일보다 훨씬 더 많은 시기다. 과거를 기억하고, 현재에 충실해야 미래를 꿈꿀 수 있다는 단순하고도 귀한 진리를 나는 2년여의 항암치료를 통해 배웠다.

암을 이겨냈다고 해서 삶이 완전히 뒤바뀌거나 뭔가 심오한 가르침을 얻은 건 아니다. 나는 그저 예전의 평범한 일상으로 돌아왔을 뿐이다. 그렇지만 그런 소소한 하루하루가 쌓이면서 언젠간 나를 더욱 강하고 아름답게 성숙시켜줄 것이라고 믿고 있다.

보름달이 뜨는 날이면 항상 나와 가족의 건강과 무사태평을 기원한다. 그리고 한 가지 더 '사소하고도 세속적이지만 중대한 소원'도 달을 향해 살짝 털어놓는다.

"제 몸매만큼은 보름달처럼 부풀지 않게 도와주세요. 몸매는 초승달처럼 되고 싶어요."

보름달은 은은한 빛으로 내게 가르침을 하나 건넨다. "언제나 보름달처럼 밝게 빛나겠다고 버둥거리며 살아갈 필요는 없다"고.

달의 모양은 때로는 커지고 때로는 작아진다. 그래도 달빛만은 변함이 없다. 보름달이 될 시기가 아닌데 보름달처럼 둥글고 환하지 않다고 한탄하는 건 어리석은 일이다. 인생은 언제나 초승달과 보름달, 보름달과 그믐달 사이 어딘가에 있다. 어디에 있든 최선을 다해서 살면 된다.

앞으로 새로운 인생의 길 위를 지나면서 나는 수많은 경험을 하게 될 것이다. 경험이 쌓이고 쌓이다 보면 삶을 바라보는 자세도 더욱 유연해질 것이라고 믿는다.

내년의 달님은 내게 무엇을 알려줄까? 마흔이 됐을 때, 쉰이 됐을 때, 예순이 됐을 때, 일흔이 됐을 때, 여든이 됐을 때 맞이할 보름달은 또 어떤 모습으로 보일까? 달이 변하는 걸까, 달을 바라보는 내가 달라지는 걸까? 달님은 말없이 웃어준다.

달의 미소를 건강하게 오래오래 보고 싶다.

9장
환자복을 벗고 다시 서다

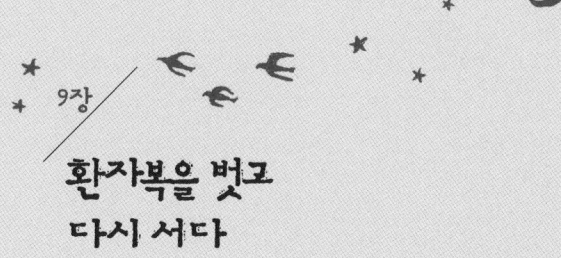

바람은 스산하고 역수는 차다.
장사가 한 번 가면 다시는 돌아오지 못하리.

風蕭蕭兮易水寒   풍소소혜역수한
壯士一去兮不復還   장사일거혜불부환

- 형가의 〈역수가〉 중에서

환자복을 벗고 다시 서다

항암치료를 하러 병원에 갈 때마다 거울 속 나를 보며 떠오르는 이미지가 있었다. 칼 한 자루에 몸을 맡긴 채 홀로 벌판을 유랑하는 검객이다. 강호의 고수가 되기 위해 무예를 수련했지만, 지금껏 만난 적 중 제일 강력한 상대를 만나 치명상을 입고 검조차 들 수 없게 된 외롭고 초라한 무사의 모습이다. 검객이 검을 쓸 수 없다는 건 곧 살아도 살아 있는 목숨이 아닌 것이다. 나도 마찬가지였다.

병원에 도착한 뒤 항암제를 투여하기 위해 간호사가 내 팔에 수액 주삿바늘을 꽂을 때면 내 마음은 더욱 비장해졌다. 나를 망가뜨린 적이 바로 내 안에 있는 암세포란 걸 새삼 깨닫는 순간이기 때문이다. 결코 인정하고 싶지 않은 사실이지만, 암도 결국 내 몸속에 있는 수많은 세포덩어리 중 하나가 아닌가.

나는 나를 살리기 위해 내 일부를 베어내야만 했다. 항암제는 양날의 칼이다. 잘 쓰면 약이지만, 잘못 쓰면 자칫 생명을 빼앗는 독이 될 수 있다. 항암제가 약의 역할을 하도록 도우려면 나 또한 내 몸이 독한 치료를 견딜 수 있도록 체력을 키워야 한다. 그러기 위해 칼을 가는 심정으로 노력하는 수밖에 없었다. 항암 치료 과정에서 겪는 여러 고통의 순간들은 이순신 장군의 '필사즉생(必死卽生)'이란 말이 무슨 뜻인지 뼛속 깊이 깨닫게 했다. 말 그대로, 죽음을 각오하고 싸워야만 살아남을 수 있다.

이 때문에 내겐 종합병원이 '치유를 위한 따스하고 희망찬 곳'으로는 보이지 않았다. 허리에 칼을 차고 내 안의 암을 죽이기 위해 찾아가는 거대하고도 쓸쓸한 전쟁터였다. 암을 죽이려다가 도리어 내가 죽을 수도 있다는 걸 잘 알고 있기에, 병원에 갈 때마다 내 가슴속에선 서늘한 바람이 휘몰아쳤다.

병원이란 전장에서는 나 말고도 무수한 사람이 생존을 위해 피 말리는 사투를 벌인다. 병원은 매 순간 삶과 죽음 사이에서 줄타기를 하는 사람들이 한자리에 모이는 곳이다. 병원 밖에서였다면 서로 만날 일조차 없었을 이들이 병원 안에서 생명과 질병이라는 공통분모를 갖고 생사를 건 인연을 맺는다. 병원 밖에서 무슨 일을 했든, 어떤 지위에 있었든 상관없이 병원 안에선 그저 모두가 아픈 사람들일 따름이다.

건강하게 오래 살고 싶다는 마음은 인간이 가진 가장 기본적이고도 강렬한 열망이다. 병원은 그 근원적 욕구가 민얼굴을 드러내며 부딪치고 얽히는 곳이다. 그 어디서도 보기 어려운 극도로 예민한 분위기, 날카롭고 차가운 충돌, 각종 이익다툼과 화해 등 여러 가지 삶의 이야기를 시시각각 목격할 수 있는 곳이 바로 병원이다.

기자로서, 글로 먹고사는 글쟁이로서 내가 바라본 병원의 모습은 이유야 어쨌든 상당히 매혹적인 글감이었다. 임신 중 암에 걸린 내 처지만 놓고 봐도 정말 '훌륭하고도 처참한' 이야깃거리가 아닌가. 비록 암 때문에 잠시 일을 쉬어야 하는 상황이긴 했지만 나는 결국 '기록하고픈 유혹'이란 직업병을 이기지 못하고 병원을 세밀히 관찰하기 시작했다. 그리고 병원에서 그때그때 떠오른 감상을 수첩과 노트북에 적어나갔다.

내게 펜과 노트북은 곧 검객의 검과 같은 것이었다. 검술을 펼칠 수는 없었지만 검을 놓아버릴 수는 없었던 것이다. 기자인 나로선 암 환자가 되면서 새로운 일상 공간이 된 병원을 스케치해놓지 않는다는 게 마치 일종의 직무유기처럼 느껴졌다.

환자에게 병원은 어떤 곳일까

피를 뽑고, 혈액 검사 결과가 나올 때까지 기다리는 데 두 시간이 걸린다. 그러고도 의사 얼굴 볼 때까지 또 두 시간을 죽치고 앉아 있어야 한다. 그렇게 어렵사리 만난 의사는 내가 문을 열고 걸어오는 모습과 얼굴색을 한 번 본 다음엔 내내 컴퓨터 모니터만 들여다보며 이야기한다. 그나마 시간도 길지 않아서 기껏해야 3분이다. '3분 카레'가 아니라 '3분 진료'다. 네 시간과 3분, 그 둘은 천국과 지옥만큼이나 엄청난 차이라고 느껴진다. 더욱이 내가 진료실을 나오자마자 다른 환자가 황급히 불려 들어간다.

항암치료를 받으면서 종합병원에서 느낀 첫 감정은 자괴감이었다. '과연 난 여기서 사람인가, 암세포라는 치명적 결함이 붙어 있는 기계인가?' 병원 진료를 다니며 환자로서 늘 품었던 불만이다.

병원은 마치 거대한 '공장'과 같았다. 난 그 안에 들어온 '불량품'처럼 느껴졌고, 의사는 컨베이어 벨트 위에 놓인 불량품을 끊임없이 고치느라 바쁜 '수리공'처럼 보였다. 그러고 보면 병실은 불량품들을 임시로 보관하는 '창고'다.

불량품들은 서로 자길 먼저 고쳐달라고 아우성을 치고, 수리공들은 그 고함 속에서 끊임없이 미치도록 일했다. 공장은 어떤 불량품을 어느 수리공에게 보낼지 결정한다. 공장은 "우리 공장이 얼마나 좋은 곳인지는 알지? 특히 이 수리공은 우리 공장의 우수 직공이니 추가 비용을 내야 해"라고 불량품들에게 통보한다. 불량품들은 빨리 고쳐져야 제자리로 갈 수 있기 때문에 어떤 수리공이 됐든 빨리 만나고 싶어한다.

수리 기간에 머물 창고에도 급이 있다. 공장에선 일단 불량품들을 고급 창고로 먼저 밀어 넣는다. 일반 창고가 꽉 찼다는 이유다. 수리가 끝난 불량품이 나가서 창고에 빈자리가 생기면 그때 넣어주겠다고 한다. 불량품들은 수리비와 창고 사용료를 공장에 갖다 바친다. 고치기 힘든 불량품일수록 수리비와 창고 사용료는 비싸진다. 그래도 불량품들은 말 한마디 제대로 못하고 돈을 갖다 바친다. 고쳐지지 못하면 공장 밖에서도 쓸모가 없어지니까. 그건 곧 죽음을 뜻하니까.

물론 내가 다녔던 서울대학교병원은 한국 최고의 종합병원 중 하나로 손꼽히는 곳이다. 병동 담당 주치의와 간호사들도 모두 친절했다.

하지만 아무리 좋은 병원이라 해도 그 안에서 새어나오는 온갖 절규를 막을 수는 없다. 한국 암 환자 중 70퍼센트가 이른바 'Big 5(삼성서울병원, 서울대학교병원, 서울성모병원, 서울아산병원, 세브란스병원)'로 몰려든다. 그래서 '누가 먼저 이곳에서 치료받을 수 있느냐'는 환자 입장에선 생존과 직결되는 문제다.

서울대학교병원으로 몰려오는 암 환자들을 보면서, 나는 '병과 죽음 앞엔 모두가 평등하다'는 말이 얼마나 허망하고 비현실적인지 실감했다. 어디서 사는지, 재산은 어느 정도인지, 의사와 관련된 인맥이 있는지 없는지 등 여러 요인에 따라 환자가 받는 치료의 수준이 달라지기 때문이다.

우선 환자의 거주지가 서울인지 지방인지가 중요했다. 집이 서울이라면 아무리 오래 걸려도 병원까지 오는 시간이 한 시간 반에서 두 시간 정도다. 하지만 지방에 사는 환자들은 얘기가 달라진다. 진료를 한 번 받으려면 지칠 대로 지친 몸을 이끌고 서울로 향한다. 자가용이나 버스, 기차, 비행기 등 동원할 수 있는 교통수단은 모두 동원해서 몇 시간을 길에 뿌려가며 병원에 도착하는 것이다. 입원 대기자 명단에 이름만 올려놓고 병원 주변 모텔에서 며칠씩 묵어야 할 때도 있다.

체력이 바닥나도 서울행을 포기하지 않는 이유는 환자들이 지방 병원에 대해 갖고 있는 뿌리 깊은 불신 때문이다. 또 큰 병원으로 가라고 환자에게 아예 '선포'를 하는 지방 병원도 실제로 꽤 된다. 환자의 암 진행 상황이 심각할수록 그런 경향은 더욱 짙어진다.

살기 위해서 검사와 치료, 입원에 아무 망설임 없이 큰돈을 들일 수 있는 환자는 많지 않다. 특히 환자 입장에서 병원비와 관련된 가장 큰 불만은 검사비와 입원비가 지나치게 비싸다는 점이다. 내시경이나 CT 촬영 한두 번만 해도 수십만 원이 우습게 깨진다. 입원할 때는 건강보험 지원 대상인 6인실에 들어가기가 하늘의 별 따기다. 울며 겨자 먹는 심정으로 하룻밤에 10만 원에서 50만 원에 달하는 상급병실에 들어가야 한다. 치료 시기를 놓쳐선 안 되기 때문이다. 그런데 상급병실에 입원했다 해서 딱히 특별한 서비스가 제공되는 것은 아니다. 약간의 시설 차이가 있을 뿐 의사나 간호사가 관리를 더 해준다거나, 밥이 특별히 잘 나오는 것도 아니다. 일단 상급병실에 입원했다가 4~6인실에 자리가 날 때까지 마음 졸이며 기다릴 뿐이다. 이 때문에 환자들 사이에선 "병원이 숙박업으로 장사해 먹는다"는 분통 섞인 목소리가 터져 나온다.

    종합병원에서 의사를 선택할 때도 환자들 사이엔 보이지 않는 차별이 존재한다. 의료업계 종사자와 조금이라도 인맥이 있는 환자들은 자신의 병과 관련하여 유명한 의사가 누구인지 수월하게 알 수 있다. 그러나 '큰 병원 의사들은 다 좋겠지'라는 막연한 기대감으로 종합병원을 찾는 환자들은 자기 병과 관련된 분야의 담당교수들이 한 병원에도 몇 명씩 있다는 데 혼란을 느낀다. 누가 더 실력 좋은 의사인지 판단할 수 있는 기준도 전혀 없다. 철옹성 같은 병원 시스템 안에서 환자가 의사에 대해 얻을 수 있는 정보는 지극히 제한적이다. 게다가 담당교수가 환자를 진료하는 시간은 길어야 5분이다. 그러다 보니 심지어는 여러 병원을 한꺼번에 다니면서 치료 방식이나 검사 결과를 자체적으로 비교 분석하는 환자들까지 생기기도 한다.

항암치료는 시간이 생명이다. 무섭도록 빠른 속도로 전이되는 암세포를 막기 위해선 적절한 치료를 가능한 한 신속하게 받아야 한다. 그렇지만 환자가 의사를 만나는 과정 자체가 너무나 길고 복잡하다.

병원 시스템을 몸으로 겪으면서 느낀 모멸감은 몸이 회복되면서도 쉽게 잦아들지 않았다. 내가 받고 있는 의료 서비스에 비해 치러야 할 대가가 너무 크다고 느꼈다. '의술을 가진 자'로서의 의사는 믿었지만, '사람'으로서의 의사는 믿지 않았다. 의사가 환자를 사람이 아니라 '차트 속의 암덩어리'로 보고 있다는 느낌을 받을 때가 많았기 때문이다. 나는 의사들에게 항상 미소를 지으려 노력했다. 하지만 사실은 냉소에 가까웠다. 암이 다 치료되면 당당하게 발길을 끊어버리겠다는 오기가 강했다.

'사람으로서의 의사'를 믿게 된 건 둘째를 낳고, 네 번째 항암치료를 앞두고 있을 때였다.

정기 진료를 받기 위해 힘없이 대기의자에 앉아 내 순서가 오길 기다리고 있었다. 예정된 시간보다 30분이 넘어도 의사는 오지 않았다.

잠시 후 의사가 환자들에게 "늦어서 죄송합니다, 죄송합니다"라고 말하며 빠른 속도로 걸어왔다. 나는 진료실로 들어가는 의사의 뒷모습을 째려봤다.

그런데 의사의 손에 들린 것을 보고 잠깐 멈칫했다. 하얀 비닐봉지였다. 봉지 안엔 병원 편의점에서 파는 샌드위치와 우유가 들어 있었다.

드디어 내 이름이 불려 진료실에 들어갔다. 내가 본 샌드위치와 우유는 봉지 안에 그대로 담긴 채 책상 옆 한구석에 놓여 있었다. 정오를 갓 넘어선 시간이었다. 내 뒤에 대기하는 환자만해도 40명이 넘었다. 그들을 다 진료할 때까지 의사는 샌드위치를 먹지 못할 게 분명했다.

상담을 끝낸 뒤 진료실 문을 나서려는 내게 의사가 말했다.

"할 수 있을 겁니다."

짧고도 굵은 한마디였다. 의사에게 처음으로 연민을 느낀 순간이었다.

그때부터 의사의 모습을 찬찬히 살펴보기 시작했다. 내 몸이 회복되어갈수록 의사들의 삶과 생각에 대한 궁금증도 커졌다. 의사들의 걸음은 너나없이 빨랐다. 때로는 숨을 헉헉대며 달리기도 했다. 언제나 바빠 보였고 핸드폰이 수시로 울려댔다. 끼니는 언제 무슨 음식으로 때우는지 알 수가 없었다. 병동 회진을 하거나 외래진료실에서 정신없이 환자들과 만나는 의사의 하얀 가운에서 무엇인지 모를 서글픔과 그늘이 엿보였다.

나는 항암치료와 이식치료가 모두 끝나고 나면 꼭 의사를 인터뷰하겠다고 다짐했다. 환자복을 벗고 기자로서 반드시 펜과 수첩을 들고 의사들 앞에 앉고 싶었다.

의사를 믿어주세요

소원은 이루어졌다. 2012년 9월 초, 나는 서울대학교병원 본관 9층 교수연구실에서 내 담당의사인 윤성수 혈액종양내과 교수를 만났다. 내가 최초로 암 진단을 받았던 때로부터 2년이 흘렀다. 나는 이제 대머리도 아니었고, 혈액 수치도 정상을 되찾아가고 있었다.

윤 교수는 연구실로 찾아온 나를 반갑게 맞았다. 그리고 나를 "이 기자"라고 불렀다. 이제는 예전처럼 생명이 위태로운 환자가 아니라는 뜻으로 그렇게 불렀을 거란 생각에 가슴이 벅찼다.

나의 첫 질문은 "혈액종양내과는 예비의사들 사이에서 얼마나 인기가 좋나요?"였다.

"중간 정도입니다."

의외로 무덤덤한 답변이었다. '혈액종양내과는 허구한 날 환자의 죽음을 보고, 개업의 하기도 힘들 테니 다들 꺼리겠지' 라고 예상했는데 그게 아닌 듯했다.

"내과 쪽에서 학생들이 전문의 과정을 거치기 위해 자기 전공을 선택하는 시기는 인턴 과정이 끝났을 때입니다. 혈액종양내과를 선택하는 학생들은 대부분 나중에 교수로 취직하기를 원합니다. 의료계에서 이른바 '돈 잘 버는 전공' 은 수시로 변해요. 유행이 분명 있죠. 피부과나 안과, 성형외과 등을 선호하던 경향은 요즘 많이 주춤해졌어요. 그쪽 분야 개업의 숫자가 포화상태가 됐거든요. 지금은 정신과나 영상의학과 쪽이 인기가 많은데 그것도 언제 변할지 모릅니다. 자기가 사명감을 다해 가장 잘할 수 있는 전공을 택하는 게 의사로서 제일 현명한 선택이라고 생각해요."

"선생님께선 왜 혈액종양내과를 선택하셨나요?"

"얼떨결에 했어요."

"얼떨결에요?"

"네, 정말 우연이었어요. '의사라면 당연히 사람 목숨을 구하는 일을 해야 한다' 는 생각은 있었죠. 제가 의대를 졸업한 1980년대 중반엔 지금처럼 종양내과의 규모가 크지 않았어요. 어느 날 종양내과 전공의 선배가 저를 불러서 '한국에서 1960~70년

대가 감염성 질병의 시대였고 1970~80년대가 심장질환의 시대라면 앞으로는 암의 시대가 될 거야. 미국에선 혈액종양내과가 인기 많대' 라더군요. 그러면서 저를 당시 혈액종양내과 교수님이셨던 김노경 선생님께 다짜고짜 데려가 인사를 시켰어요. 저는 그냥 안부인사차 간 건데 김 선생님께선 혈액종양내과 왜 하려고 하느냐고 물으셨어요. 그게 제가 이 전공을 시작한 계기였습니다."

'에이, 이거 너무 싱겁잖아' 란 생각이 머리를 스쳤다. 뭔가 극적인 계기가 있어서 이쪽 전공을 택했을 줄 알았는데 그 예상도 틀렸던 것이다. 그런데 윤 교수가 말했다.

"아무것도 모른 채 시작한 전공이었지만 하면 할수록 혈액종양내과 일이 제 천직이란 생각이 들었어요. 사람을 살려내는 일을 한다는 보람이 정말 컸으니까요. 물론 죽음을 늘 가까이서 접한다는 건 큰 스트레스입니다. 특히 혈액암 환자 중에선 젊은 이가 많아요. 인생의 꽃도 제대로 피워보지 못한 채 죽는 젊은 환자들을 보면 정말 괴롭습니다. 저도 사람이니까요. 미국에선 중증 암 환자를 치료하는 의사들에게 주기적으로 정신 상담을 받도록 합니다. 자기가 열심히 치료했던 사람이 목숨을 잃는 것을 볼 때, 의사로서 정말 마음이 무겁거든요."

윤 교수가 '사람으로서의 의사' 가 갖는 마음에 대해 털어놓기 시작하면서 인터뷰는 점점 진지하고도 생동감이 더해갔다. '환자가 의사를 선택할 때 얻을 수 있는 정보가 너무 부족하다' 는 말을 꺼내자 윤 교수의 목소리는 조금씩 상기됐다.

"한국에서 환자가 의사를 왜 못 믿는지 아세요? 환자와 의사 사이의 정보 비대칭이 너무 심하기 때문입니다. 물론 환자들은 병원을 마음대로 선택할 수 있습니다. 그런데 '좋은 의사'를 고르는 공개된 기준이 없는데다 의사와 만나는 시간이 극히 짧아요. 그러다 보니 환자로선 불안해질 수밖에 없어요. 제가 맡고 있는 환자가 수백 명입니다. 셀 수 없을 정도로 많죠. 게다가 행정 잡무도 많아요. 늘 시간에 쫓겨 삽니다. 환자들에게 제일 미안합니다."

"선생님께서 생각하시는 '좋은 의사'는 어떤 의사인가요?"

"환자에게 희망을 줘야 합니다. 아무리 극한 상황에 이르렀다 해도 살겠다는 의지를 꺾으면 안 됩니다. 다른 암도 마찬가지지만 혈액암은 환자의 심리상태가 치료 효과에 정말 큰 영향을 줍니다. 혈액암의 종류에 따라서 현재의 의술로는 완치가 불가능한 병이 분명 있어요. 다발골수종이 아직은 완치가 어렵다고 여겨지는 대표적인 질환이죠. 치료를 하면 5~7년 정도 생존기간을 연장할 수 있습니다. 이럴 때 의사가 해야 할 말은 '당신 죽는다'가 아니라 '살아 있는 시간을 어떻게든 가치 있게 보내야 한다'라는 겁니다. 환자를 대할 때 기계적으로 환자가 가진 질병에만 집중하면 절대 안 됩니다. 의술의 발달에 따라 과거 불치병이던 것이 지금은 완치될 수도 있기 때문입니다. 다발골수종도 일부 환자들에게서 완치되는 것이 아닌가 하는 징후가 점차 보여요."

"그래서 일부러 한결같은 표정을 유지하셨던 거군요. 저는 선생님께서 말씀을 매우 신중하게 하신다는 느낌을 받았어요."

"그럴 수밖에 없습니다. 같은 병을 앓는 환자라도 각자 상황에 따라 치료 방법이나 예후가 천차만별입니다. 그래서 의사가 섣불리 '이건 이렇게 된다, 저건 저렇게 된다'고 단정할 수가 없습니다. 경험이 많아질수록 말이 신중해지죠."

"환자들이 '이것만은 꼭 지켜줬으면 좋겠다'고 당부하고 싶으신 게 있나요?"

"믿어달라는 겁니다. 우리나라 암 환자들은 주변에서 잘못된 정보를 너무 많이 얻어요. 인터넷 정보를 신봉하고, 보호자가 의사가 되고, 옆 침대 환자가 의사가 됩니다. 건강식품을 맹신하는 것도 문제고요. 자기 병에 대한 치료 정보를 가장 잘 알고 있는 게 의사라는 걸 알면서도 한편으로는 신뢰하지 못하는 겁니다. 의사가 갖고 있는 수많은 임상 데이터도 건강식품 광고 앞에선 속수무책이죠. 거기에는 우리 의료계의 책임도 큰 게 사실입니다. 그만큼 신뢰를 주지 못했다는 뜻이니까요. 더 노력하는 수밖에요."

인터뷰가 끝나갈 무렵, 이번엔 윤 교수가 내게 물었다.

"의사에게 가장 중요한, 그러니까 VIP 환자가 누구인지 아세요?"

"아마 돈 많은 유명 인사들 아닐까요?"

"아닙니다."

"그럼 누구인가요?"

"동료 의사가 내게 치료를 부탁한 환자입니다."

"예? 뜻밖이네요. 왜 그런가요?"

"자기가 개인적으로 아는 환자를 부탁한다는 건 그만큼 실력을 인정하고 믿어준다는 뜻이니까요. 그건 의사가 받을 수 있는 최고의 찬사라고 생각합니다."

윤 교수의 목소리는 담백했다. 그렇지만 그의 말 한마디 한마디에선 의사로서의 무게감이 느껴졌다. 나는 윤 교수에게 진심을 담아 답했다.

"선생님이야말로 제게 최고의 의사입니다. 제 손으로 다시 펜과 수첩을 잡을 수 있게 도와주셨잖아요."

"그렇게 얘기해주시니 저로선 정말 고맙군요. 사실 혈액종양내과는 겉으로 볼 때 쉽게 끌리는 전공은 아닙니다. 어디 나가서 병원을 차려 떼돈을 벌 수도 없으니까요. 갈 곳은 종합병원 교수직뿐입니다. 그래도 꺼져가는 생명을 되살리는 기쁨은 뭐라 말할 수 없을 정도로 큽니다. 그건 무엇과도 바꿀 수 없는 의사로서의 보람입니다. 그 보람이 제 일상을 버티게 해주는 힘이고요."

윤 교수는 인터뷰 내내 의사와 환자 사이의 신의(信義)를 강조했다. 신의를 지키지 못하는 의료 시스템에 대해서도 안타까운 마음을 솔직하게 드러냈다. 살 가능성보다 죽을 우려가 더 큰 환자를 살려야 하는 의사의 믿음, 독한 치료를 견디며 살려는 의지를 불태우는 환자의 믿음. 두 믿음은 결국 '몸과 마음의 치유'라는 한곳을 바라보고 있다.

환자만이 외로운 검객은 아니었다. 의사도 환자만큼이나 고독한 칼잡이였다. 그것도 개인적으로는 아무 인연도 없는 수많은 사람을 자신의 환자로 만났다는 이유 하나만으로 살려내기 위해 하루하루를 보내야 하는 사람이었다.

믿음의 무게

윤 교수와 대화를 나누면서 내 머릿속에선 하나의 이미지가 또렷이 각인되었다. 믿음을 지키기 위해 자신의 모든 것을 거는 협객의 모습이다. 그리고 그것을 가장 잘 노래한 시도 함께 떠올랐다. 바로 형가(?~기원전 227년)의 〈역수가〉다.

형가는 진시황을 살해하려다가 실패한 자객으로 유명하다. 형가의 이야기는 사마천이 쓴 《사기》의 〈자객열전〉(刺客列傳)에 상세히 기록돼 있다.

형가는 전국시대의 작은 제후국인 위나라에서 태어났다. 어릴 때부터 학문과 무예에 뛰어났던 그는 위나라에서 벼슬하고자 했지만 뜻을 이루지 못하고 연나라로 떠났다. 그즈음 연나라 태자 단이 진나라에 인질로 가 있다가 고국으로 도망쳐 왔다. 단은 당시 진나라 왕이었던 정(훗날의 진시황)과 어린 시절 친하게 지냈다. 하지만 정은 진나라 왕이 된 후 옛 친구였던 단을 매우 홀대했다. 단이 이에 앙심을 품고 연나라로 탈출한 것이다.

단은 진왕을 암살할 계획을 세웠다. 단의 신하들은 그에게 전광이라는 책사를 추천했다. 전광은 무술이 출중하고 지략에 능했지만, 출사하지 않은 채 수십 년 동안 숨어 지내고 있었다. 단은 전광을 만나러 직접 그의 집을 찾아가 진왕의 암살 계획에 동참해달라고 청했다. 전광은 단에게 형가를 추천했다. 단은 전광에게 감사를 표시하며 말했다.

"선생과 제가 나눈 이야기는 나라의 중대사이니 부디 비밀을 지켜주십시오."

전광은 형가를 불러 자신이 그를 태자 단에게 추천했다는 사실을 알려줬다. 그리고 이렇게 말했다.

"태자가 제게 비밀을 누설하지 말라고 한 것은 이미 저를 의심하고 있다는 뜻입니다. 다른 사람의 의심을 산다는 것은 절개 있는 협객이 할 일이 아닙니다. 어서 태자를 찾아뵈어 말씀해주시오. 이 전광이 이미 죽어서 비밀을 지켰다고 말입니다."

전광은 그 자리에서 검을 꺼내 스스로 목을 베었다.

형가는 태자 단의 수하로 들어갔다. 단은 형가를 극진히 대접했다. 형가는 진왕을 암살할 기회를 엿보았지만 아무리 생각해도 접근할 방법이 없었다. 그런데 때마침 당시 연나라엔 진나라에서 죄를 짓고 연나라로 망명한 번어기라는 장군이 있었다.

형가는 번어기를 찾아가 어렵게 말을 꺼냈다.

"진왕을 죽이기 위해선 번 장군의 목이 필요합니다. 연나라의 영토 일부와 함께 번 장군의 목을 바치겠다고 하면 진왕은 반드시 저를 만나겠다고 할 것이고, 저는 진왕을 처치할 수 있을 겁니다."

번어기는 아무 망설임 없이 대답했다.

"그것이야말로 내가 절치부심하며 생각했던 것이오. 가르침을 줘서 고맙소."

그는 곧바로 자신의 목을 칼로 그었다.

형가는 마침내 진나라로 떠났다. 태자 단과 그의 일행은 장례식 때 입는 흰옷을 입고 형가를 배웅했다. 진왕을 암살하겠다는 계획이 실패로 돌아갈 우려가 성공할 가능성보다 훨씬 크다는 것을 모두 잘 알고 있었기 때문이다. 형가는 역수(易水)라는 강에 다다르자 〈역수가〉를 노래했다. 그리고 단 한 번도 뒤를 돌아보지 않고 진나라로 가는 길을 재촉했다.

형가는 번어기의 목이 든 상자와 연나라 지도를 들고 진왕 앞에 섰다. 그러다 틈을 봐서 독이 발라진 비수를 들고 진왕을 찔렀다. 하지만 진왕이 급히 몸을 피하는 바람에 비수는 옷소매를 스쳤을 뿐 빗나가고 말았다. 형가가 다시 한 번 비수를 던졌지만 또 빗나갔다. 이때 진왕이 칼을 들어 형가를 찔러 죽였다. 실패한 것이다.

진왕은 분개하여 연나라를 공격했다. 연나라 희왕은 아들 단을 참수해서 그 목을 진나라에 바쳤다. 그러나 결국 진나라는 연나라를 멸망시켰고, 이후 각 제후국을 통일하는 데 성공한다.

사실 형가는 진시황과 개인적으로는 아무런 원한이 없다. 하지만 자신을 믿고 발탁한 이를 위해 목숨까지 바칠 수 있는 이가 협객이다. 형가는 그런 협객의 정신에 충실한 사람이었다. 그렇기에 짧은 노래 한 자락에 자신의 심정을 담아 부른 뒤 뒤도 돌아보지 않고 진나라로 떠났던 것이다.

전광이 태자 단과의 약속을 지키기 위해 스스로 목숨을 버린 것도, 번어기가 형가의 말을 듣고 자결한 것도 모두 신의를 지키기 위해서 한 일이었다. 강호의 세계에서 사람과 사람 간에 맺은 신의를 저버리는 것은 곧 협객의 명예를 버리는 것이었다. 협객이 협객답지 못한 것은 죽음보다 더 수치스러운 일이었다.

살리겠다는 마음과 살아야겠다는 의지의 만남

윤성수 교수를 인터뷰하면서 많은 생각보따리를 끌어안은 나는 내가 병동에 입원했을 때 알게 된 또 한 명의 의사를 만나기로 했다. 서울대학교병원 혈액종양내과의 김범석 조교수였다. 김범석 교수는 '진료실에서 못다한 항암치료 이야기(http://cancer.docblog.kr)'라는 개인 블로그를 운영하고 있다.

김 교수의 블로그엔 항암치료와 관련된 각종 의학상식, 암 환자와 보호자가 지켜야 할 주의사항, 환자들을 치료하며 겪었던 일 등이 담겨 있다. 이 블로그를 보면서 '바쁜 시간을 쪼개고 쪼개서 이렇게 나서는 의사라면 나중에 인터뷰할 때 좀 더 직접적이고 진솔한 답변을 해줄 수 있을 것 같다'는 생각이 들었다.

서울대학교병원 암병원에서 김범석 교수와 만났을 때 그는 처음에 나를 잘 알아보지 못했다. 병동에 있을 때 모습과 딴판이었기 때문일 것이다. "건강해지신 모습을 보니 참 반갑습니다"라고 김 교수가 인사했다. "앞으로 더 변해야죠"라고 내가 답하면서 대화는 시작됐다.

"맡고 계신 분야의 특성상 생사의 기로에 놓인 환자들을 자주 보실 텐데요. 그럴 때 느낌이 어떠신가요?"

"사실 나이가 많은 환자들은 어느 정도 죽음에 대한 마음의 정리를 하고 있습니다. 돌아볼 수 있는 삶, 세월이 있으니까요. 그래서 그런 환자분들을 대할 때는 조금은 마음 편하게 이야기할 수 있습니다. 그렇지만 젊은 환자들은 달라요. 말 한마디 꺼낼 때마다 무척 조심스럽습니다. 암이란 병이 젊은이들에겐 취직이나 결혼, 생계에 큰 지장을 주는 족쇄가 되거든요. 암 때문에 직장을 잃거나 결혼이 깨지는 일들을 보면 저도 심적인 부담이 큽니다."

나는 조금 더 직설적으로 물어봤다.

"환자들이 왜 의사를 못 믿는다고 생각하세요?"

"환자가 가장 소외돼 있으니까요. 모든 시스템이 돈을 중심으로 돌아가기 때문입니다."

김 교수는 나의 기대대로 모든 질문에 거침없이 답했다.

"항암치료 시스템과 제도에 대해선 정말 하고 싶은 말이 많지만, 제 개인적으로 가장 아쉽고 안타까운 점은 치료 단계에서 환자가 주인공 역할을 전혀 하지 못한다는 겁니다."

"환자가 자신의 병을 치료하면서 주도권을 잡지 못한다는 뜻이죠?"

"맞습니다. 환자들이 일률적인 치료 단계를 거치며 떠밀리듯 치료받습니다. 환자들이 자기 나름대로 치료에 대해 계획할 시간을 전혀 갖지 못해요. 자기 병조차 제대로 알지 못하는 환자들도 여전히 많습니다. 의사도 보호자도 환자들에게 충분한 설명을 해주지 못합니다. 의사들은 너무나 바빠서 그렇고 보호자들은 '환자의 마음을 편하게 해줘야 한다'는 생각 때문에 상태를 잘 알려주려 하지 않는 경향이 있어요. 환자들은 그런 모습을 지켜보면서 점점 더 외로워지죠."

"저도 병원에 올 때면 제가 사람이 아니라 불량품이 된 것 같은 기분이 들곤 했습니다. 특히 의사랑 만나는 시간이 3분도 채 안 될 때면 열도 받고 그랬죠."

"그 마음 충분히 공감합니다. 그렇게 된 원인은 지적재산권을 인정하지 않는 풍토에 있다고 봅니다."

"지적재산권이라고요?"

"해외에선 환자를 진료할 때 시간을 기준으로 진찰비를 계산

합니다. 그래서 의사가 환자를 몇 분 동안 만났는지 체크하죠. 의사가 갖고 있는 지식에 대해 지적재산권을 인정하는 겁니다. 하지만 한국에선 의사가 환자와 3분을 만나든 10분을 만나든 의료수가가 똑같습니다. 그리고 병원에선 진료의사 중 약 80퍼센트한테 '선택 진료의사'라는 명목을 붙여서 환자에게 선택 진료비를 추가로 내라고 합니다. 시스템이 이렇다 보니 환자와 의사 모두 진료의 질에 대해 불만이 엄청납니다."

민감하지만 피해 갈 수 없는 질문을 던졌다.

"그런 불만을 의료계 종사자 모두가 알고 있을 텐데 왜 지금까지 바뀐 게 별로 없을까요? 종합병원에 와서 겪는 환자들의 분노가 어느 정도일진 충분히 아실 거고요."

김 교수는 상투적인 회피성 답변을 하지 않았다.

"그만큼 무뎌지니까요. 의사들로서도 처음엔 이런 현실이 답답하고 화가 납니다. 그런데 점점 시간이 지나면서 직업인이 돼가다 보니 처음의 열정이 식습니다. 월급쟁이 의사 입장에선 환자를 1분 만나든 10분 만나든 대가가 똑같으니까요. '이럴 수밖에 없다'며 현실에 동조하는 거죠. 저는 일주일에 세 번 외래진료를 하는데 하루에 보는 환자가 50명 정도 됩니다. 그래서 진료 전날에 예습도 해야 합니다. 환자들의 얼굴을 떠올리고 차트 기록도 미리 살펴봐야 해요. 그러지 않으면 일을 할 수가 없습니다."

김 교수의 말을 들으면서 나는 중간중간 의사도 결국엔 병원이라는 거대한 미궁 속의 희생자일지 모른다는 느낌이 들었다. 김 교수는 내가 왜 자신에게 인터뷰를 요청했는지 잘 알고 있었다. 그리고 될 수 있는 대로 솔직하게 답변하려 노력하는 모습이었다.

김 교수는 환자들이 '진정성 있는 의료 서비스'에 얼마나 목말라하는지 말해주기 위해 한 신약 실험을 예로 들었다.

"신약 임상실험은 대부분 더는 손을 쓸 수 없는 단계의 말기 암 환자들을 대상으로 진행됩니다. 생존 연장을 위한 치료를 받고 있는 환자들을 말하는 겁니다. 완치를 목적으로 치료하고 있는 환자들에게 아직 검증이 채 되지 않은 신약을 쓸 수는 없으니까요. 그런데 말이죠. 신약 실험에 참가하는 환자들은 자신이 실험 대상이 됐다는 걸 오히려 좋아합니다. 그러나 '살 수 있을지 모른다'는 희망 때문이 아닙니다."

"그렇다면, 뭔가에 기여하고 있다는 자부심 같은 건가요?"

"아닙니다. 실험을 하면서 의사들이 자신의 몸과 마음에 대해 이것저것 물어보고 챙겨주는 게 좋기 때문입니다. '누군가가 나를 위해 따뜻하고 세심하게 관리해준다'는 느낌이 일종의 위로가 되는 겁니다. 자기 생각을 시원하게 털어놓을 데가 없으니까요."

이번엔 '살아남은 자의 고통'에 관해 이야기를 나눴다.

"암을 이겨낸 뒤에도 고통은 계속되더군요. 체력 회복도 중요하고, 사회 복귀에 대한 두려움도 있고요. 항암치료 때 겪는 정신적 상처를 극복하는 것도 힘든 일입니다. 그런데 병원에선 '암세포 없어지면 끝'이란 느낌을 종종 받아요."

"유독 우리나라에선 건강식품과 대체의학에 대한 유혹이 큰데, 그 이유 때문이라고 봅니다. 그러다 보니 그 틈바구니로 각종 상업광고가 마수를 뻗칩니다. '일단은 돈을 많이 들여서 이것저것 다 해봐야 한다'는 보호자들의 심리도 있고요. 나중에 후회하게 될까 봐 두렵기 때문이죠. 환자 입장을 제대로 대변하는 창구도 없습니다. 의사와 환자, 보호자가 모두 겉돈다고나 할까요. 참 뭐라 말하기 복잡하네요."

"의사들에겐 대한의사협회가 있지 않나요?"

"의사협회는 현장 의사들의 목소리를 진정으로 대표하는 단체가 아닙니다. 이익단체죠."

인터뷰를 시작한 지 40분 정도 됐을 때 김 교수가 "아, 조금 있으면 회의에 가야 합니다"라고 말했다. 역시 의사는 바빴다.

인터뷰가 끝나갈 때쯤 김 교수에게 물었다.

"왜 이 힘든 일을 택하셨어요?"

"암 환자를 치료하고 싶어서 의대에 들어왔습니다. 감기보다 어렵고 큰 병을 다뤄보고 싶었어요. 암이란 병에 대해 모르는 게 너무나 많았으니까요."

"암에 대해 왜 그렇게 알고 싶으셨어요?"

"할아버지와 아버지께서 제가 어릴 때 암으로 돌아가셨습니다."

당황했다. 그의 개인적인 아픔을 건드린 것 같아서. 그래도 질문을 이어갔다.

"바쁜 일상을 어떤 마음으로 버티시는지요?"

"환자를 치료하면서 보람을 얻습니다. 그 교과서적인 답이 제겐 의사로 사는 이유입니다."

"환자들에게 가장 하고 싶은 말씀은 무엇인가요?"

"일단은 환자와 의사 사이의 믿음이 더욱 단단해지면 좋겠습니다. 그러려면 환자가 병원에서 겪는 불만을 정면으로 지적해야 합니다. 조금 더 능동적으로 나섰으면 합니다. 곪은 고름이 터지듯이 언젠가는 의료 시스템의 문제가 터질 날이 올 겁니다. 의료산업의 자본은 절대 자기들이 알아서 환자 편을 들어주지 않아요. 의사를 무조건 선하고 신적인 존재로 보면 안 됩니다."

윤 교수와 김 교수가 말하고자 하는 요점은 결국 같았다. 의사는 자신을 알아주는 환자를 위해 끊임없이 노력한다는 것이다. 환자를 살려내고, 환자로부터 믿음을 얻을 수 있다는 것이야말로 의사로서의 고단한 일상을 이겨나갈 수 있는 단 하나의 희망이라는 사실이다.

병원 시스템의 거대한 소용돌이 속에서 의사와 환자는 암이라는 난치병을 베어내기 위해 신의 검을 함께 들어 올린다. 그리고 그 검을 먼저 놓지 않도록 서로 독려하면서 나아간다. 암과 치르는 전투의 끝이 설사 죽음이라 해도 끝까지 간다.

살리겠다는 마음과 살아야겠다는 의지의 만남은 매우 강력하다. 둘 다 삶의 끝자락을 움켜쥐는 양 극단에 서 있기 때문이다. 삶과 죽음의 줄타기가 얼마나 외로운 일인지 너무나 잘 안다. 환자도, 의사도 모두 사람이기에.

"당신이 만난 의사들이 너무 착한 것 아니냐"라는 반론이 있을지도 모르겠다. 그 말도 맞을 것이다. 의사라는 직업의 힘을 이용해 사리사욕을 채우는 사람들도 분명 있으니까. 그리고 그 의사들을 믿었다가 돌이킬 수 없는 희생을 치러야 했던 사람도 많을 테니까.

그렇지만 난 그런 '양아치 의사들'이 전부라고 생각하진 않는다. 대부분 의사는 자신의 의무를 다하며 하루하루를 살아가고 있음을 믿는다. 환자들이 '나는 살 수 있다'는 희망으로 하루하루를 버텨가듯이. 만일 내가 의사를 믿지 않았다면, 그리고 의사가 나를 믿지 않았다면 난 살아남을 수 없었을지도 모른다.

의료계를 무턱대고 비난하는 것은 옳지 않다고 생각한다. 다만 그런 날카로운 비난을 부르는 '환부'를 도려내기 위해 의사와 환자가 함께 '메스'를 쥘 수 있기를 바란다. 병원이 환자에게 '싸움터'나 '공장'이 아니라 '사람을 살리는 따뜻한 공간'으로 거듭날 날이 오기를 원한다.

절망하며 비웃기만 하는 자에게 변화란 없다는 것을 난 암 투병을 통해 배웠다. 나는 조소 대신 믿음을 택했다. 뒷담화 대신 직설을 택했다. 그리고 그것을 결코 후회하지 않는다.

언젠가 내 병이 재발한다 하더라도 난 나를 맡았던 의사를 변함없이 신뢰할 것이다. 의사에게 '선생님 탓이 아니다'라고 말할 것이다. 의사 또한 그런 내 마음을 알아주리라 믿는다. 검객끼리는 말이 없어도 검으로써 통하듯이.

| 에필로그 |

인생은 언제 어느 순간에도
다시 시작할 수 있다

2012년 12월 29일,

이제 사흘만 지나면 2012년이 다 끝나고 새해가 시작된다.

나는 지하철 4호선 혜화역 2번 출구로 나와 마로니에 공원에 왔다.

하얀 눈발이 흩날리기 시작한다.

손을 뻗어서 내리는 눈을 만져본다.

바로 1년 전만 해도, 나는 면역력이 약해서 지하철을 탈 수 없었다.

눈이 오는 날이면 감기에 걸릴까 봐 밖에 나오지 못했다.

사람 많은 거리를 마음껏 걸을 수도 없었다.

그때는 '도대체 언제쯤이면 이 감옥 같은 생활에서 탈출할 수 있을까' 하고 생각했다.

세상으로 영영 돌아오지 못하게 되면 어떡하나 고민하기도 했다. 그렇지만 시간은 흘러 어느덧 나를 지하철로, 거리로, 공원으로 다시금 이끌었다.

이곳 맞은편엔 서울대학교병원이 있다.
오늘도 많은 사람이 그 안으로 들어간다.
모두들 자신만의 길고도 깊은 사연을 간직하고 있을 것이다.

암 투병을 하면서 항상 병원 안으로 들어가기만 했던 내게,
맞은편에서 그곳을 바라보는 지금의 시선이 참 낯설게 느껴진다. 다시는 서지 못할지도 모른다 생각했던 자리에 서 있으니까.

끝이 어디일지 알 수 없던 항암치료가 끝났다.
나는 예전의 일상으로 되돌아가는 길을 걷고 있다.
평범하지 않은 길을 돌고 돌다가 평범함을 찾아 돌아오는 중이다.

나는 이제 더는 대머리가 아니다.

가끔 아이들을 데리고 미용실에 가서 머리를 다듬기도 한다.
딸아이는 미용사가 내 머리를 손질하는 모습을 보고
"엄마가 이제 머리 자른다!"며 펄쩍펄쩍 뛰었다.
태어나면서부터 엄마의 빡빡머리를 봤던 아들 녀석은
내 머리카락을 쭉쭉 잡아당기며 장난을 친다.

엄마니까 해야 하는 일도 할 수 있게 되었다.
아이들이 감기에 걸리면 병원에 직접 데리고 간다.
이제 백혈구 수치를 걱정하지 않아도 되기 때문이다.
아이들을 두 팔로 안을 수 있을 만큼 근력도 다시 붙었다.

내년 2월이면 사랑하는 일터로 돌아간다.
기자라는 직업을 되찾는 것도 행복하지만,
급여통장이 다시 생기는 게 더욱 기쁘다.
경제력을 갖추고 지켜낸다는 게 얼마나 힘든 일인지
뼈저리게 깨달았기 때문이다.
나는 가슴에 'C'라는 주홍글씨를 달고 세상으로 나아간다.
'Cancer', 바로 암 환자였다는 낙인이다.
그 글자는 앞으로 항상 내 뒤를 따라다닐 것이다.
정식으로 완치 판정을 받으려면 3년을 더 기다려야 한다.

재발의 위험성도 여전히 남아 있다.
그리고 그것이 내가 사회활동을 할 때
일종의 제약으로 작용하리란 것도 각오하고 있다.

그래도 나는 그 'C'를 'Cancer' 대신
'Can'으로 바꿔서 생각하려고 한다.
살아남았다는 것이야말로 가장 큰 축복이니까.

암 투병은 내게 많은 것을 가르쳐주었다.
인생에서 결코 지우지 못할 상처도 남겼지만,
진정한 기쁨이 무엇인지도 함께 알려줬다.
그리고 세상을 대하는 자세를 조금 더 유연하게 바꿔주었다.

그렇지만 암에 대한 미움은 아직 버리지 못했다.
그 미움은 아마도 평생 떨쳐내지 못할 것 같다.
내가 '지금, 여기' 살고 있다는 데 감사드린다.
기뻐하고, 슬퍼하고, 화를 낼 수 있다는 것 또한 감사드린다.
앞으로 더 많은 새로운 일들이 나를 기다리고 있으리라고 믿는다.
삶은 끝나지 않았다.

| 부록 1 |

암 치료에 대해 꼭 알아야 할 것들

누구든지 암을 처음 만나는 순간엔 당황하고 공포에 사로잡힌다. 불치병은 아니지만 여전히 난치병임은 분명하기 때문이다. 하지만 《손자병법》에 '상대를 알고 나를 알면 백 번을 싸워도 위태롭지 않다(知彼知己 百戰不殆)'라는 말이 있듯이, 항암치료에 대한 정확한 정보를 찾으면서 대범하게 암을 대한다면 반드시 완치 또는 호전의 기쁨을 맞이할 수 있으리라 믿는다.

이 부록에선 수술과 더불어 대부분의 암 환자들이 가장 많이 받는 치료인 항암화학요법과 관련하여 주의사항들을 소개하고자 한다. 또한 내가 암 투병을 하면서 '다른 환자들도 이것은 꼭 지켰으면 좋겠다'고 생각했던 몇 가지 개인적인 의견들도 함께 정리한다.

우선, 항암화학치료를 받을 때 꼭 지켜야 할 객관적인 주요 지침은 다음과 같다. 이 내용은 서울대학교암병원 암정보교육센터

홈페이지를 참고했다. 항암화학치료에 들어가기 전 환자들이 기본적으로 받는 교육 내용이지만, 의외로 이 주의사항들이 제대로 지켜지지 않아 병세가 악화되는 경우가 많다.

1. 감염 예방을 철저히 한다

대부분의 항암제는 백혈구와 적혈구, 혈소판 등 각종 혈액세포를 만드는 골수의 기능을 저하시킨다. 보통 항암제 투여 후 1~2주일이 지나면 체내 혈액세포가 부쩍 줄어들었다가, 다시 1~2주일이 지나면 원래의 수준으로 증가하는 과정을 반복한다.

이런 부작용이 나타나는 가장 큰 이유는 항암제들이 암세포가 다른 세포들보다 성장과 증식 속도가 빠르다는 것을 이용해 만든 약품들이기 때문이다. (아직은 암세포만을 딱 잡아서 없애는 표적항암제가 그리 많지 않다. 물론 현재 의학기술 발달 속도로 봐선 앞으로 표적항암제가 더욱 늘어날 것이라는 희망을 갖고 있다.)

그러다 보니 항암제들이 암세포 말고도 다른 엉뚱한 세포들까지 싸잡아 없애는 경우가 생긴다. 그 '엉뚱하고 억울하게 잡히는 세포들' 중 대표적인 게 바로 골수 내 혈액세포, 그중에서도 우리 몸의 면역 기능을 담당하는 백혈구다.

백혈구를 비롯한 혈액세포들이 줄어드는 시기엔 세균 감염을 특히 조심해야 한다. 자칫 잘못하다간 암 때문이 아니라 세균 감염에 따른 패혈증 때문에 사망할 위험도 있다.

감염 예방을 위한 최우선 주의사항은 '체온이 38℃ 이상이거나 감염의 증상(오한, 배뇨 시 통증, 심한 기침이나 설사 등)이 있으면 즉시 응급실을 방문하라' 는 것이다. 특히 열이 날 땐 해열제를 복용하거나 찬 물수건을 사용하지 말고 한밤중에라도 반드시 응급실로 달려가야 한다. 인위적으로 열을 내린 상태를 의사에게 보이면 열이 난 원인을 알기가 어렵기 때문이다. '별일 아니겠지' 하는 지레짐작으로 혼자 참거나 해열제를 임의로 복용하면 세균 감염이 심해질 수 있다. 응급실에 도착해서는 혈액 검사와 세균배양 검사를 하고, 실제로 백혈구 수치가 떨어져 있으면 항생제와 백혈구 촉진제를 맞아야 한다.

개인 위생관리도 꼼꼼하게 해야 한다. 외출에서 돌아왔을 때, 식사 전, 용변 후에는 반드시 손을 씻는다. 매 끼니 식사 후와 취침 전엔 꼭 양치질을 한다. 길거리에서 파는 음식이나 날음식은 먹지 않는 게 좋다. 몸에 상처가 나지 않도록 하고, 만일 상처가 났을 땐 아무리 작은 상처라도 소독을 해야 한다. 그리고 화초 기르기나 애완동물 키우기는 항암치료를 받는 동안은 삼가는 게 좋다. 흙이나 배설물을 직접 만지는 과정에서 감염될 수 있기 때문이다.

2. 식사는 규칙적으로, 골고루 먹는다

식욕부진과 메스꺼움, 구토는 항암치료를 할 때 환자들이 제일 힘들어하는 부분 중 하나다. 이와 같은 증상들은 항암제 부작용 때문에 생기기도 하지만, 암에 대한 두려움과 우울함 등 심리적인 요인도 크게 작용한다. 식사를 제대로 하지 못하면 몸무게가 줄면서 항암치료를 견딜 수 있는 체력을 보충하지 못하게 된다.

영양관리를 잘하기 위해선 먼저 '이 음식은 되고, 저 음식은 안 된다'는 고정관념을 갖지 않는 게 중요하다. '암 환자는 고기를 먹으면 안 된다'는 생각이 음식 섭취에 대한 대표적인 고정관념 중 하나라 할 수 있다. 평소에 좋아하던 음식을 먹되 채소와 고기, 곡류, 과일, 유제품 등을 골고루 먹는 게 좋다.

냄새가 강하거나 너무 뜨거운 음식은 피하는 게 좋다. 메스꺼운 느낌이 들 땐 얼음조각을 입에 물거나 머리나 목에 찬 수건을 얹으면 증상을 줄일 수 있다. 구토가 심할 때는 구토 진정제를 꾸준히 복용하고, 식욕부진이 심하다면 의사와 상의해 식욕촉진제를 처방받는 것도 방법이다.

3. 건강식품이나 보충제 복용은 신중히 생각하자

암 환자들 주위엔 각종 한약재와 건강식품, 보충제에 대한 지인들의 추천과 광고가 넘쳐난다. 물론 그 자체가 나쁘다는 것은 아니다. 그러나 항암치료를 받을 땐 건강식품이나 보충제를 무턱대고 먹는 것이 도리어 위험할 수 있다. 간 수치가 상승하거나 예상치 못한 부작용이 생겨서 제때 항암치료를 받지 못할 수 있기 때문이다.

간은 우리 몸에서 해독작용을 하는 장기다. 항암제의 독성이 워낙 강하기 때문에 항암화학치료를 받을 때 간도 대단히 지쳐 있다. 그런 상황에서 의료진과 상의 없이 건강식품 또는 보충제를 먹었다가 간에 무리가 오면, 경우에 따라선 몸에 심각한 이상 증세가 나타날 수도 있다.

4. 탈모는 일시적인 부작용 증상일 뿐이다

탈모는 항암화학치료를 받는 환자들에게 제일 깊은 마음의 상처를 남기는 부작용이다. 항암제를 맞은 후 2~3주 만에 머리카락이 흩날리듯 빠지는데, 이 모습을 보는 충격은 말로 표현할 수 없을 정도다.

그렇지만 항암화학치료를 한다고 해서 무조건 머리카락이 빠지는 것은 아니다. 항암제의 종류에 따라 모발세포에 별로 영향을 주지 않는 경우도 있기 때문이다. 또 머리카락이 영영 다시 자라지 않는 것도 아니다. 대개 항암화학치료가 끝난 후 2~3개월 사이에 다시 자라난다. 새로 나는 머리카락은 예전과는 굵기 또는 색깔 등이 다를 수 있는데, 모발의 변화는 환자 개개인에 따라 차이를 보인다.

모발과 두피를 보호하기 위해선 자극이 덜한 부드러운 빗을 사용하고, 순한 샴푸를 쓰고, 드라이어의 열을 약하게 하는 게 좋다. 파마나 염색도 치료 후로 미루고 헤어스프레이나 젤 등의 사용도 피한다.

완전 탈모가 예상되는 환자는 모자와 가발을 미리 준비하는 게 좋으며 외출할 때 두피에도 꼭 자외선 차단제를 발라주자.

5. 피부를 소중히 하자

항암화학치료를 받다 보면 피부가 예전보다 건조해지거나 기미를 비롯한 각종 색소침착이 나타나기도 한다. 심할 땐 특정 항암제에 대해 피부가 이상 증세를 일으키는 '항암제 피부 특이반응'이 나타나기도 한다. 그러나 이런 피부 관련 문제는 항암화학치료가 끝나고 나면 대부분 수개월에 걸쳐 저절로 사라진다. 영구적인 피부 이상증세를 남기는 일은 거의 없으니, 거울을 보면서 속상해하지 않는 게 좋겠다.

항암화학치료 중 피부 보호를 위해 가장 잘 챙겨야 하는 건 바로 수분이다. 물을 자주 충분히 마시고, 얼굴과 몸에 보습제를 자주 발라준다. 뜨거운 물에 오래 들어가 있거나 사우나, 찜질방을 이용하는 것도 피부 속 수분을 뺏길 수 있기 때문에 될 수 있으면 삼가는 게 좋다. 2~3일에 한 번씩 미지근한 물로 가볍게 샤워하는 정도로 만족하자. 의류나 침구는 면 소재로 된 천을 쓰는 게 좋다.

낮에는 꼭 자외선 차단제를 바르고, 너무 두껍고 진한 화장은 피하는 게 좋다. 화장을 지울 때 자극이 될 수 있기 때문이다. 피부에 갑자기 발진이 생겼을 땐 담당의사와 먼저 상의한 후 피부과로 찾아가서 원인을 알아본다.

6. 술과 담배는 당장 끊자

"한 잔은 괜찮겠지요?"

"한 개비 정도는 피워도 되겠지요?"

술 한 잔이 한 병 되고, 담배 한 개비가 어느새 한 갑이 된다. '딱 한 잔', '딱 한 개비'로 끝내는 건 웬만한 자제력이 아니고선 불가능하다고 봐야 한다. 보통 사람들에게도 음주와 흡연은 해롭다. 하물며 면역력이 보통 사람에 훨씬 못 미치는 암 환자에게는 얼마나 치명적이겠는가.

참고로 미국암학회에서는 여성의 경우 하루 한 잔, 남성의 경우 하루 두 잔을 초과하는 음주는 피하도록 권고하였다. 그리고 담배는 모든 암의 원인 중 20~30퍼센트를 차지하는 주요 발암 물질로 지적되고 있다.

다음으로 이 부록을 빌려 꼭 남기고 싶은 내용은 실제 암과 싸우면서 경험하고 깨달은 나의 개인적인 추천 사항이다. 환자와 보호자들 중에선 나와 생각이 다른 사람들도 있을 것이라 생각한다. 여러 생각을 충분히 존중하며, 다음의 몇 가지를 공유했으면 하는 작은 바람으로 정리해본다.

1. 암은 죄가 아니다

암을 이겨내는 과정은 참 험난하다. 물론 육체적 고통도 크지만 그보다 더 심각한 건 정신적인 상처다. 한순간에 무능력자가 돼버린 듯한 느낌, 세상으로부터 버림받은 것 같은 슬픔은 누구도 위로해주지 못한다.

특히 '내가 암에 걸리지 않았다면 우리 가족 모두 행복하게 잘 살고 있을 텐데…' 라는 죄책감과 절망감은 암 환자들을 우울증의 수렁으로 깊이 밀어 넣는다. 우울증을 이기지 못해 항암치료 도중 또는 항암치료를 끝내고 회복 기간을 거치는 중에 스스로 세상을 등지는 환자들도 종종 있다.

진정 암을 이기고 싶다면 이런 죄책감에서 빨리 벗어나야 한다. 암의 원인은 밝혀진 것보단 밝혀지지 않은 게 훨씬 많다. 그 누구를 원망할 수 있는 상황이 아니다. 비상사태에서 진짜 살아남는 사람들은 현실을 냉철히 판단하면서도 희망을 잃지 않는 이들이라는 '스톡데일 패러독스'란 말도 있지 않은가. 머리는 차갑게, 그렇지만 가슴은 따스하게 유지해야 한다. 성급한 포기와 비현실적인 낙관 모두 나쁘지만, 굳이 택하자면 포기보다 낙관 편에 서라고 권하고 싶다.

암 환자들이 죄의식을 갖지 않도록 가족을 비롯한 주위 사람이 적극 도와야 한다. 무심코 던진 말 한마디에도 상처받는 게 암 환자들의 심리다. 환자가 아닐 때의 모습만을 생각하면서 환자가 된 뒤에도, 암을 이겨낸 뒤에도 예전과 똑같으리라 기대하면 안 된다. 암과 싸울 때 환자의 정신적 충격은 군인이 전쟁터에서 생사의 선을 넘나들 때 겪는 심정과 매우 흡사하다. 환자가 자존심을 회복할 수 있도록 많이 도와야 한다.

마음의 힘은 매우 강력하다. 그리고 그 마음의 힘이 몸의 치유와 굳게 연결되어 있다. 자신이 암에 걸렸다 해서 부끄럽게 생각하지 말 것, 내가 가장 먼저 하고 싶은 말이다.

2. 인터넷 정보를 맹신하면 안 된다

네이버와 다음 등 각종 포털사이트에서 항암치료에 대한 정보를 찾다 보면 어김없이 수많은 암 관련 정보 블로그와 카페가 쏟아져 나온다. 환자들의 모임도 여러 개 볼 수 있다.

문제는 인터넷에 널려 있는 정보의 양은 무지막지하게 많은데 반해 그 정보의 질과 신뢰도가 어느 정도인지 측정할 기준이 없다는 데 있다. 같은 암이라도 해당 암이 어떤 타입에 속하고, 발생 부위가 어디냐에 따라 치료 방식이 달라진다. 이런 전문적인 의료 정보는 반드시 담당의사에게 직접 물어보는 게 가장 빠르고 현명한 방법이다.

또 환자의 개별적 상황이 모두 다르므로 "내가 무엇무엇을 했는데 정말 좋더라", "○○요양원이 정말 좋더라"라는 식의 후기에만 지나치게 집착하면 자칫 치료 과정에서 큰 실수를 저지를 수도 있다. 게다가 인터넷을 통해 이른바 '기적의 치료' 운운하며 환자들에게 접근하는 사이비 의료행위 브로커들도 많으니 조심해야 한다.

인터넷에서 정보를 얻고, 환자 단체에 가입하고 다른 환자들을 만나는 것 자체는 나쁘다고 할 수 없다. 하지만 어느 정도 심리적인 거리는 둘 것을 권하고 싶다.

3. 암치료 과정의 결정권은 환자가 쥐어야 한다

내가 병원에서 항암치료를 받으면서 느낀 건 '한국에선 아직도 환자보다는 보호자가 더 강한 힘을 갖고 있구나' 라는 것이었다. '환자가 충격받지 않게 해야 한다' 는 명목으로 환자에게 암에 걸렸다는 사실을 숨기는 보호자들이 여전히 많았다. 환자가 자신의 암이 무엇인지 정확히 알고, 사용되는 약의 이름과 용량까지 메모하는 미국이나 유럽, 일본 등 선진국들과 매우 대조적인 모습이다.

암 투병의 주인공은 환자와 그 환자를 치료하는 의사여야 한다. 환자와 의사 간 일대일 소통이 제대로 이뤄지지 않으면 치료에 성공하기가 어렵다. 환자로 하여금 자신이 무엇 때문에 아픈지도 모르게 만든다는 건 일종의 기만행위라고 생각한다.

연세가 무척 많거나 병세가 호전되지 않고 생존의 시간이 얼마 남지 않은 환자라면 더더욱 병의 치료 상황에 대해 상세하게 알려야 한다. 그래야 환자가 삶을 정리할 수 있는 여유를 가질 수 있다. 항암치료의 지속 여부도 환자 본인이 결정하도록 해야 한다.

누구도 다른 사람의 삶을 대신 살아주지 않는다. 그런데 아직까지도 한국의 항암치료 현장에선 이 당연한 진리가 통하지 않을 때가 많다. 그래서 정말 안타까운 순간이 많았다.
환자가 스스로 암 투병의 주인공이 될 수 있도록, 암과 관련된 각종 상황에 대처하는 사령탑이 될 수 있도록 해야 한다. 그것이 독립적인 인격체로서 환자의 인권을 지키는 길이라고 생각한다.

4. 의사에게 당당히 질문하자

"이런 걸 의사 선생님께 물어봐도 될까?"라고 말하는 암 환자들이 의외로 많다. 나는 그 말을 들으면 이렇게 대답한다. "그런 걸 물어보라고 있는 사람들이 바로 의사입니다."
한국 종합병원의 의료 시스템상 환자가 의사와 충분한 시간을 갖고 상담하기란 쉬운 일은 아니다. 하지만 의사는 암을 치료하기 위해 환자에게 길을 안내하는 파트너다. 생명을 되살리기 위해 만난 파트너에게는 될 수 있는 한 자신의 모든 것을 보여주는 게 좋다. 그것이 항암치료와 관련된 아주 사소한 질문이든, 심적인 고민이든, 성생활에 대한 것이든 상관없다.
환자가 자꾸 체면치레를 하거나 병원을 무서워하면 의사는 도리어 답답해진다. 그러면 진료는 더더욱 형식적인 절차에 그쳐버리고 말 것이다. 병원과 의료진을 최대한 당당하게 이용하자. 비싼 의료비를 낭비할 이유는 없지 않은가.

5. 일기를 쓰자

하루를 어떻게 보냈는지, 어떤 기분인지 기록하는 건 투병 과정에 많은 도움을 준다. 특히 '나는 아무것도 하지 않았다'는 비관적인 착각에서 벗어나게 해준다.

기록의 방식은 어떤 것이든 상관없다. 그냥 흰 종이에 '좋았다', '나빴다' 만 쓰면서 서서히 감정을 활자로 나타내는 연습을 하면 그걸로 충분하다.

나는 주로 플래너에 하루 일정과 그날의 느낌을 기록했다. 때로는 책을 보다가 마음에 와 닿는 구절이 있으면 펜으로 베껴 써보기도 했다. 정말 한 일이 없었다 싶은 날엔 '누워서 숨쉬기운동 했다'고 쓰기도 했다.

자신의 몸 상태와 심리를 활자화하면 고통의 원인이 무엇인지 알 수 있다. 그리고 자존감을 회복하면서 마음이 한결 편안해진다. 살아 있다는 것을 확인할 수 있기 때문이다.

| 부록 2 |

힘들 때 힘이 된 한시

| 제1장 |

行路難(행로난) _ 이백

金樽淸酒斗十千　　금준청주두십천
玉盤珍羞直萬錢　　옥반진수치만전
停盃投箸不能食　　정배투저불능식
拔劍四顧心茫然　　발검사고심망연
欲渡黃河氷塞川　　욕도황하빙색천
將登太行雪滿山　　장등태항설만산
閑來垂釣碧溪上　　한래수조벽계상
忽復乘舟夢日邊　　홀복승주몽일변
行路難 行路難　　　행로난 행로난
多岐路 今安在　　　다기로 금안재
長風破浪會有時　　장풍파랑회유시
直掛雲帆濟滄海　　직괘운범제창해

금 술잔에 담긴 술은 한 말에 만 금,
만 전짜리 귀한 안주 옥쟁반에 그득하지만
술잔이고 젓가락이고 모두 다 팽개쳐 먹지 못하고,
검 빼들어 사방을 둘러보니 마음만 아득해지네.
황하를 건너려 해도 얼음이 가로막고,
태항산 오르려니 눈이 산에 가득 쌓였네.
한가롭게 푸른 시냇물에서 낚시하면서
홀연히 배 타고 해를 도는 꿈을 꿔볼까
가는 길 어렵네, 가는 길 어렵네.
갈림길이 이리 많은데 나는 지금 어디에 있나?
큰바람 불어와 파도를 헤쳐나갈 그날이 온다면
구름 같은 돛 곧게 달고 푸른 바다를 건너가리.

| 제2장 |

洗兒戱作(세아희작) _ 소동파

人皆養子望聰明　　인개양자망총명
我被聰明誤一生　　아피총명오일생
惟願孩兒愚且魯　　유원해아우차노
無災無難到公卿　　무재무난도공경

남들은 아이 기르면서 자기 자식 총명하길 바라지만
나는 그 총명함 때문에 일생을 망쳤다네.
내 오직 바라는 건, 우리 아이가 어리석고 둔해서
아무 탈 없이 높은 관직에 오르는 것이라네.

| 제3장 |

遊子吟(유자음) _ 맹교

慈母手中線　자모수중선
遊子身上衣　유자신상의
臨行密密縫　임행밀밀봉
意恐遲遲歸　의공지지귀
誰言寸草心　수언촌초심
報得三春輝　보득삼춘휘

인자하신 어머니께선 손에 실을 들고
길 떠나는 아들이 입을 옷 지어주고 계시네.
떠나기 전 더욱 꼼꼼히 꿰매주시는 이유는
행여나 아들이 늦게 돌아올까 걱정하시는 마음 때문이라네.
한 치밖에 안 되는 풀 한 포기가
따스한 봄볕의 은혜를 어찌 갚을 수 있을까.

|제4장|
木蘭辭(목란사) _ 북조 민가

唧唧復唧唧	즐즐복즐즐
木蘭當戶織	목란당호직
不聞機杼聲	불문기저성
惟聞女歎息	유문여탄식
問女何所思	문녀하소사
問女何所憶	문녀하소억
女亦無所思	여역무소사
女亦無所憶	여역무소억
昨夜見軍帖	작야견군첩
可汗大點兵	가한대점병
軍書十二卷	군서십이권
卷卷有爺名	권권유야명
阿爺無大兒	아야무대아
木蘭無長兄	목란무장형
願爲市鞍馬	원위시안마
從此替爺征	종차체야정
東市買駿馬	동시매준마
西市買鞍韉	서시매안천
南市買轡頭	남시매비두

北市買長鞭	북시매장편
旦辭爺孃去	단사야양거
暮宿黃河邊	모숙황하변
不聞爺孃喚女聲	불문야양환녀성
但聞黃河流水鳴濺濺	단문황하류수명천천
旦辭黃河去	단사황하거
暮宿黑山頭	모숙흑산두
不聞爺孃喚女聲	불문야양환녀성
但聞燕山胡騎鳴啾啾	단문연산호기명추추
萬里赴戎機	만리부융기
關山度若飛	관산도약비
朔氣傳金柝	삭기전금탁
寒光照鐵衣	한광조철의
將軍百戰死	장군백전사
壯士十年歸	장사십년귀
歸來見天子	귀래견천자
天子坐明堂	천자좌명당
策勳十二轉	책훈십이전
賞賜百千彊	상사백천강
可汗問所欲	가한문소욕
木蘭不用尙書郎	목란불용상서랑
願借明駝千里足	원차명타천리족

送兒還故鄕	송아환고향
爺孃聞女來	야양문여래
出郭相扶將	출곽상부장
阿姊聞妹來	아자문매래
當戶理紅妝	당호리홍장
小弟聞姊來	소제문자래
磨刀霍霍向豬羊	마도곽곽향저양
開我東閣門	개아동각문
坐我西閣床	좌아서각상
脫我戰時袍	탈아전시포
著我舊時裳	저아구시상
當窗理雲鬢	당창리운빈
對鏡帖花黃	대경첩화황
出門看火伴	출문간화반
火伴皆驚惶	화반개경황
同行十二年	동행십이년
不知木蘭是女郞	부지목란시여랑
雄兔腳撲朔	웅토각박삭
雌兔眼迷離	자토안미리
兩兔傍地走	쌍토방지주
安能辨我是雄雌	안능변아시웅자

덜그럭 덜그럭
목란이 방에서 베를 짜고 있네.
그런데 베틀 북 소린 들리지 않고
오로지 여인의 탄식만 들려올 뿐.
"아가씨 무슨 걱정이 있습니까?
무슨 생각을 그리 깊게 하십니까?"
목란은 대답한다. "저는 걱정할 일도 없고,
생각할 일도 없어요.
어젯밤 군대 소집영장을 봤는데
천자께서 병사들을 모으신대요.
영장 열두 권 안에
우리 아버지 성함이 쓰여 있었어요.
우리 아버지께는 다 자란 아들이 없고
목란에겐 오라버니가 없답니다.
시장에 가서 안장이랑 말을 사고
나이 드신 아버지 대신해서 군대에 가려고 해요."
목란은 동쪽 시장에서 말을 사고,
서쪽 시장에서 안장을 사고
남쪽 시장에서 말고삐를 사고,
북쪽 시장에서 말채찍을 샀다.
아침에 부모님께 하직인사드리고
저녁엔 황하 가에서 잠들었네.
부모님이 딸을 부르는 소리 들리지 않고

오로지 들리는 건 황하가 철철 흐르는 소리뿐.
아침에 황하를 건너고
저녁엔 흑산 꼭대기에서 잠들었네.
부모님이 딸을 부르는 소리는 들리지 않고
오직 연산의 오랑캐 군대 말발굽 소리만 울리네.
만 리 밖 전쟁터에 나가서
날아다니듯 관문과 산을 넘었네.
삭풍은 군대 안의 징과 딱따기 소리 울리게 하고
차가운 달빛은 철갑옷을 비추네.
장군마저 온갖 전투 치르다 죽었고,
병사들은 십 년 만에 귀환했다네.
목란이 돌아와서 천자를 뵈오니
황궁 옥좌에 앉은 천자께선
공훈 작위를 열두 계급 올려주시고
백 가지 천 가지 상을 하사하셨네.
천자께서 목란에게 무엇을 원하는지 물으셨는데
목란은 "저는 상서랑 벼슬은 필요 없습니다.
잘 달리는 천리마 한 필 내어주시어
저를 고향으로 보내주십시오"라고 말했다.
목란의 부모님은 딸이 온다는 소식 듣고
성 밖으로 마중을 나오고
목란의 언니는 동생 온다는 말에
방 안에서 곱게 단장을 하네.

목란의 어린 남동생은 누나 온다는 이야기 듣고
칼을 갈아 돼지와 양을 잡네.
목란은 동쪽 대문을 열고 들어와
서쪽 자기 방의 침대에 앉아서
전투복을 벗고
예전 치마를 다시 입었네.
창문 앞에서 구름처럼 풍성하고 고운 머리 빗고
거울을 보면서 화장을 한 뒤
문을 나와 전우들을 만나네.
전우들은 모두 깜짝 놀라 이렇게 말했다네.
"십이 년을 같이 다녔는데
목란이 여자일 줄은 정말 몰랐어.
수토끼도 뜀박질 느려질 때 있고
암토끼도 눈이 어릿해질 때가 있겠지만
수토끼 암토끼고 뭐고 같이 계속 전쟁터 달려만 다녔으니
누가 수컷이고 암컷인지 어떻게 알았겠어."

| 제5장 |

釵頭鳳(채두봉) _ 육유

紅酥手　　　　　홍소수
黃藤酒　　　　　황등주
滿城春色宮牆柳　만성춘색궁장류
東風惡　　　　　동풍악
歡情薄　　　　　환정박
一懷愁緒　　　　일회수서
幾年離索　　　　기년리색
錯　　　　　　　착
錯　　　　　　　착
錯　　　　　　　착

春如舊　　　　　춘여구
人空瘦　　　　　인공수
淚痕紅浥鮫綃透　누흔홍읍교초투
桃花落　　　　　도화락
閑池閣　　　　　한지각
山盟雖在　　　　산맹수재
錦書難託　　　　금서난탁
莫　　　　　　　막

莫　　　　막
莫　　　　막

발그레한 고운 손으로
그대가 내게 황등주를 따라주었을 때
성 안엔 봄빛이 가득했고, 담장 위엔 버드나무 푸르렀지.
사나운 동풍에
사랑의 기쁨도 잠시뿐
회한과 근심으로 가득한 내 마음
몇 년을 외롭게 살았는지 모른다네.
잘못했어,
잘못했어,
잘못했어.

봄은 예나 지금이나 다름없는데
그대는 수심에 자꾸 말라가네.
화장 지운 눈물이 손수건을 적시네.
복사꽃은 떨어지고
연못의 누각은 쓸쓸하고 한적하네.
사랑의 약속은 여전히 굳건하지만
이젠 사랑 담은 편지조차 쓸 수 없네.
끝났어,
끝났어,
이제 모두 끝났어.

당원의 화답 시

世情惡　　　　세정악
人情薄　　　　인정박
雨送黃昏花易落　우송황혼화이락
曉風乾　　　　효풍건
淚痕殘　　　　누흔잔
欲箋心事　　　욕전심사
獨語斜欄　　　독어사란
難　　　　　　난
難　　　　　　난
難　　　　　　난

人成各　　　　인성각
今非昨　　　　금비작
病魂常似秋千索　병혼상사추천삭
角聲寒　　　　각성한
夜闌珊　　　　야난산
怕人尋問　　　파인심문
咽淚裝歡　　　인루장환
瞞　　　　　　만
瞞　　　　　　만
瞞　　　　　　만

263

세상 인심은 고약하고
사람의 정은 야박하네.
황혼녘에 비 내리니 꽃이 쉽게 떨어지네.
새벽바람 불어오고
내 눈물자국은 남아 있네.
이 내 마음 전해주고 싶지만
그저 난간을 붙잡고 혼잣말로 되뇔 뿐.
어렵구나,
어렵구나,
정말 어렵구나.

우리는 제각각 떨어져버렸고
지금은 옛날이 아니네.
병든 혼은 그넷줄처럼 왔다 갔다 흔들리네.
피리 소리는 스산하고
어두운 밤도 이제 다해가는데
혹여 사람들이 물어볼까 두려워
눈물을 닦고 기쁜 양 짐짓 웃어 보이네.
거짓말이야,
거짓말이야,
모두 거짓말이야.

| 제6장 |

空囊(공낭) _ 두보

翠柏苦猶食　　취백고유식
明霞高可餐　　명하고가찬
世人共鹵莽　　세인공로망
吾道屬艱難　　오도속간난
不爨井晨凍　　불찬정신동
無衣床夜寒　　무의상야한
囊空恐羞澁　　낭공공수삽
留得一錢看　　유득일전간

덜 익은 잣은 맛이 쓰지만 그런대로 먹을 만하고
아침노을 높이 떠 있어도 먹을 수 있네.
세상 사람들은 모두 이익만을 좇으며 서두르는데
내 길은 고난을 향해 뻗어 있네.
밥을 짓지 못하니 우물물은 새벽에 얼어붙은 그대로고
옷이 없으니 밤에는 침상이 너무 추워 오싹오싹하네.
주머니가 비어 있으면 뭇 사람들이 비웃을까 두려워
동전 한 푼 남겨둬서 간직하고 있다네.

| 제7장 |

挽歌(만가) _ 도연명

荒草何茫茫　　황초하망망
白楊亦蕭蕭　　백양역소소
嚴霜九月中　　엄상구월중
送我出遠郊　　송아출원교
四面無人居　　사면무인거
高墳正嶕嶢　　고분정초요
馬爲仰天鳴　　마위앙천명
風爲自蕭條　　풍위자소조
幽室一已閉　　유실일이폐
千年不復朝　　천년불복조
千年不復朝　　천년불복조
賢達無奈何　　현달무내하
向來相送人　　향래상송인
各自還其家　　각자환기가
親戚或餘悲　　친척혹여비
他人亦已歌　　타인역이가
死去何所道　　사거하소도
託體同山阿　　탁체동산아

거친 풀밭은 어찌 저리도 황량한지
백양나무는 홀로 외로이 서 있네.
서리 내리는 9월에
마을 사람들은 먼 교외로 나를 배웅하네.
내 무덤가엔 그 어디에도 집 한 채 없고,
크고 작은 무덤들만 여기저기 솟아 있네.
말은 하늘 보며 울고,
찬바람은 쓸쓸히 불어오네.
깊은 무덤 한 번 닫히고 나면
천 년이 지난다 해도 다시는 아침을 맞지 못하리.
천 년이 지난다 해도 다시는 아침을 맞지 못하리.
아무리 현명하고 통달한 사람이라 해도 어쩔 수 없는 일.
내 무덤에 온 사람들은
하나둘 각자 집으로 돌아가네.
내 가족 친지들은 간혹 슬퍼하겠지만
다른 사람들은 이미 울음 그치고 즐겁게 노래한다네.
이미 죽었는데 무엇을 말하겠나.
몸을 땅에 맡긴 채 산 언덕과 같아졌는데.

제8장
水調歌頭(수조가두) _ 소동파

明月幾時有	명월기시유
把酒問靑天	파주문청천
不知天上宮闕	부지천상궁궐
今夕是何年	금석시하년
我欲乘風歸去	아욕승풍귀거
又恐瓊樓玉宇	우공경루옥우
高處不勝寒	고처불승한
起舞弄淸影	기무롱청영
何似在人間	하사재인간
轉朱閣	전주각
低綺戶	저기호
照無眠	조무면
不應有恨	불응유한
何事長向別時圓	하사장향별시원
人有悲歡離合	인유비환리합
月有陰晴圓缺	월유음청원결
此事古難全	차사고난전
但願人長久	단원인장구
千里共嬋娟	천리공선연

밝은 달은 언제부터 있었을까?
술잔 들어 밤하늘에 대고 물어본다.
하늘나라 궁궐에선
오늘 밤이 어느 해일까?
바람 타고 하늘로 돌아가고 싶지만
저 아름다운 천상 궁궐이 두렵기도 하고,
너무 높은 곳에 있어서 추위에 못 이길 것 같아.
일어나서 그림자와 노닐며 춤추니
어찌 이곳을 여느 인간 세상과 같다 하리.
달빛은 붉은 누각을 돌고 돌아서
비단 창호 아래로 들어와
잠 못 드는 나를 비추네.
달에게는 아무런 한이 없을 텐데
어이하여 이별할 때엔 저리도 둥근 것인가.
사람에겐 슬픔과 기쁨, 이별과 만남이 있고,
달에겐 어둠과 밝음, 둥그러짐과 이지러짐이 있으니
이는 예로부터 그 누구도 바꿀 수 없는 일이네.
다만 그대와 오래오래 같이 살면서
저 멀리 천 리 길 떨어져 있는 보름달 함께 보고 싶을 뿐.

| 제9장 |

易水歌(역수가) _ 형가

風蕭蕭兮易水寒　　풍소소혜역수한
壯士一去兮不復還　　장사일거혜불부환
探虎穴兮入蛟宮　　탐호혈혜입교궁
仰天噓氣兮成白虹　　앙천허기혜성백홍

바람은 스산하고 역수는 차다.
장사가 한 번 가면 다시는 돌아오지 못하리.
호랑이 굴을 찾아 이무기가 사는 궁으로 들어가네.
하늘 향해 긴 한숨 내뿜으니 흰 무지개가 생겼구나.

엄마는
행복하지 않은 날이
없었다

엄마는 행복하지 않은 날이 없었다

지은이 | 이미아
펴낸이 | 김경태
펴낸곳 | 한국경제신문 한경BP

제1판 1쇄 인쇄 | 2013년 2월 25일
제1판 1쇄 발행 | 2013년 3월 5일

주소 | 서울특별시 중구 중림동 441
기획출판팀 | 02-3604-553~6
영업마케팅팀 | 02-3604-595, 583 FAX | 02-3604-599
홈페이지 | http://www.hankyungbp.com
전자우편 | bp@hankyungbp.com
T | @hankbp   F | www.facebook.com/hankyungbp
등록 | 제 2-315(1967. 5. 15)

ISBN 978-89-475-2903-7   03810

값 13,000원

파본이나 잘못된 책은 구입처에서 바꿔드립니다.